AI-트윈 코칭 모델

ⓒ 2025 허영숙, 한국코칭수퍼비전아카데미
이 책의 저작권은 저자와 한국코칭수퍼비전아카데미에 있습니다.
책 내용의 일부 또는 전부를 재사용하려면 반드시 저자와 출판사 양측의 서면동의를 받아야 합니다.

코칭 A to Z
006

AI-트윈 코칭 모델

허영숙 지음

코칭북스

목 차

들어가기 ······ 6
Part I. 코칭 ······ 13
  01. 코칭 ······ 15
  02. AI 기반 코칭의 산업적 맥락 ······ 27
Part II. 데이터 ······ 39
  03. 이야기 ······ 41
  04. 내놓는 이야기와 끌어안은 이야기 ······ 45
  05. 코칭에서 사용하는 데이터 ······ 49
Part III. 설계 ······ 103
  06. 코칭 설계 ······ 105
  07. 고객의 자기이해 지원 ······ 113
  08. 고객의 행동 패턴과 성장점 탐색 ······ 119
Part IV. AI-트윈 ······ 123
  09. AI-트윈의 생성 ······ 125
  10. 지침 ······ 135
  11. 고객의 자기 탐색 경로 ······ 159
  12. 코치의 페르소나 분석 ······ 163

13. 병렬 작업과 협업 175
　　14. 활용 범위와 한계 183
Part V. 코칭 설계와 시나리오 193
　　15. 코치의 사전리포트 195
　　16. 60분 코칭 흐름 205
　　17. 결과 공유 및 이슈 협의 217
　　18. 유의사항 221
부록. AI-트윈 설계 가이드 225
　　[1] 데이터 초기 생성 227
　　[2] 프로젝트 데이터 업로드 231
　　[3] 해석 지침 설계 237
　　[4] 지침 설계 전문성 247
　　[5] 반복 테스트와 조율 255
　　[6] 기술 진화에 따른 변화 수용 259
에필로그 271
용어 정리 272
색인 284
저자 소개 288
발간사 290

들어가기

고객들이 코치 앞에 와 앉는 한 시간 동안, 코치들은 그의 성장과 발전을 위해 모든 노력을 기울인다. 만약 그들이 성장하고 있다고 느끼지 않는다면, 코치들은 코치로서 나아갈 동력을 잃을 것이다. 고객에게 다양한 선택지가 있음을 찾기 어렵다면, 고객의 삶을 더욱 풍요로워지게 하는 데 도움이 되지 못한다면, 우리는 새로운 방법을 찾아야 할 것이다. 고객들도 그것을 원할 것이다.

AI가 인간의 일거리와 일자리를 낚아채는 모습을 요즘 유난히 많이 본다. 동시에 AI와의 대화를 통해 시작하고, 업무지원을 받으며, 선택과 판단을 그의 정보에 의지하는 것도 매일 볼 수 있다. 그러면서 AI의 지배를 받게 될 것을 우려한다. AI와의 관계 정립 없이, 점차 빠져들고 있다면 우려는 현실이 될 것이다. 각종 현실적 여건으로 인해 그 관계는 날로 강화될 것이기 때문이다.

우리의 코칭 고객들은 관심을 원한다. 관심의 뿌리는 정보다. 감정적 정보를 포함한 내적 정보와 여건 정보가 어울려야 공감이 방향성을 지니고 코치가 고객에게 머물 수 있다. 고객은 코치에게 당신이 전문가니 나를 보자마자 나를 이해하는 코칭을 해달라고 한다. 코칭의 판을 벌이기 위해 미주알고주알 많은 정보를 전하느라 코칭 시간을 소모하고 주어진 계약 시간을 마칠 순 없다.

그동안 우리의 코칭고객들은 대부분 조직의 비용으로 코칭을 받곤 했다. 국민총소득 3만 달러 이전의 사회에서는 자신의 성장을 위해 스스로 비용을 지불하는 것은 학위와 자격증, 그리고 정확한 장애물을 없애려는 경우가 대부분이었다. 그 시기에는 소득이 먹고 사는 것과 가족 형성, 그리고 노후를 준비하기에 충분하지 않은 상황이어서 여유를 부릴 상황이 아니었다. 오래도록 부지불식 노후를 걱정하던 패턴에서 완전히 자유로워지진 않았지만 전보다 노후의 먹고 살 일을 걱정하진 않으며, 동시에 우리의 국민총소득도 3만 7천 달러에 안정적으로 진입했다. 인구 5천만 명 이상 국가 중 세계 6위이며 1인당 5천만 원을 넘어섰다는 것은 먹고 사는 데 드는 비용보다 소득이 많음을 의미한다. 소득 기간 중 노후에 필요한 비용도 쌓여가고 있는, 새로운 사회에 들어와 있다는 의미이다.

새로운 사회는 코치들에게도 새로운 과제를 제시한다. AI와 익숙한 고객들과의 관계, 스스로를 위해 비용을 지불할 생각을 하는 고객들과의 관계에 직면하게 된다. 그들은 코치들에게 그들의 기회를 확장해 줄 수 있는지 묻는다. 그들의 기대 속에는 고유한 한 존재가 들어 있다. 그 존재는 AI가 학습한 세상의 모든 사람들과는 일정 부분 다른 특정한 인물이다. 코치는, AI가 보는 사람 존재와 코치 앞에 앉은 고객과의 차이를 다뤄야 한다.

사람들은 알아주기를 원한다. 인정받고 말로 표현해주고 자신이 가진 어떤 것이 상대의 눈에 크게 보이는지 확인하기를 원한다. 그런데 AI는 사람들보다 더 인정하고 인정받는데 능숙하다. 특히 ChatGPT 4o는 매 순간 자신이 상대하는 사람들에게 "탁월해요, 잘하고 있어요."를 연발한다. 그런 AI와 그 앞에 앉은 사용자가 서로에게 심취되면, AI 아닌 사람들은 얼마나 거친가 하는 걸 느끼면서 후다닥 AI와의 소통으로 되돌아가게 된다. AI와의 공모는 또 다른 중독현상을 불러올 수 있다.

사람들은 자신의 강점만으로 살아가기는 어렵다. 특히 모든 정보가 디지털화되면서 동시 공유하는 정보가 늘어나는 사회에서는 자신의 많은 것이 노출될 가능성이 있음을 인지해야 한다. 사람에 따라서는 자신의 강점을 주로 노출하려 하지만, 자신의 약점을 선제적으로 드러내서 상대와의 관계를 편하게 하려는 상황도 자주 등장한다. 코치로서 우리는 그 모든 것이 고객 자신이고, 그 모든 것을 패턴으로 보면서, 강점도 약점도 잠재적 자원으로 볼 수 있게 한다. 그러려면 고객 또한 스스로를 객관화하도록 도와야 한다.

코치는 코칭에 임할 때 어떤 정보를 가지고 있는가. 고객에 대한 정보가 코치의 선입견과 얽힐까봐 맨땅에 헤딩하는 것처럼 모르고 들어가서 고객이 스스로 언어적 비언어적 표현을 하는 데에서 정보를 구하라는 지침은 이제 먼 옛날 얘기가 되고 있다. 코칭 일을 하면서 필요한 것은 질문, 경청, 피드백이라는 걸 기본으로 배우지만, 현장에서는

'그래서요?'와 '아하!'만 몇 번 표현하다가 나오기도 한다. 현장에서 미리 학습한 수많은 질문 중에서 어떤 걸 꺼낼지 미리 그 범위를 좁혀놓는 것, 그것이 코칭을 통해 축적되는 전문성이다. 이제 그 전문성의 영역에 AI를 끼워 줄 생각이다. 코치와 고객의 업무파트너로서의 AI, 고객에게 특화된 AI-트윈을 통해 객관화와 전문성에 빠르게 다가가고자 한다.

　AI-트윈은 고객에게 안전한 공간을 제공한다. 자신을 예민하게 만드는 상황들을 사전에 정리된 문장으로 보면서, 반복해서 나타나는 어떤 요소가 자신을 성장하게 하고, 불편하게 하고, 망설이거나 스트레스와 연결되는 것을 미리 볼 수 있다. AI-트윈은 그저 세상의 어떤 사람들이 어떠한가 보다는, 나는 이럴 때 어떤 행동패턴을 보일지, 나에 대한 가중치를 부여한 예측을 제시한다. 객관화된 패턴은 고객이 코치에게 가지고 오는 이슈 또한 객관적으로 설명할 수 있게 한다. 고객이 스스로의 AI-트윈과 어떤 대화를 통해 패턴을 보고 있는지 코치는 그 내용을 동시에 볼 수는 없지만, 코치 또한 고객의 기본 정보를 통해 고객 페르소나를 형성할 수 있다.

　코치는 이제 AI로 인해 엄청난 데이터에 자유롭게 접근해서 이런저런 예측을 해볼 수 있게 됐다. 코치가 엔지니어링에 큰 전문지식이 없어도 자신의 고객과 관련한 데이터를 결합할 구조를 지니게 된 것이다. 디지털 개발 모델들은 코딩 없이 코치의 비즈니스 모델로 전환이 가능해졌다. 다만 자신의 내부 관점을 혁신할 필요는 있다. 강점은 늘 일관적으로 장점으로 작동하는 것에서 지속적인 수정을 통해야 성장 포인트가 되는 것으로 변화한다. 생각을 설계하고, 코칭을 설계하는 시기이다.

고객은 자신의 이야기를 한다. 코치는 코칭을 위해 정말로 알고 싶은 것을 끌어내기 위해 적절한 질문을 하고자 노력한다. 디지털 기술은 구성원의 행동을 변화시키려는 기업의 의도보다 훨씬 빠르게 움직이고 있다. 산업 환경에 대한 전략적인 변화도 고객과의 이야기 주변 상황을 복잡하게 만들고 있다. 코치는 고객의 현재를 알고자 그의 과거를 묻는다. 특히 개방형 질문으로 묻는다. 코치는 주어지는 정보에 근거해서 고객의 미래 방향성을 예측하고자 한다. 그 방향으로의 질문으로 고객의 생각 경계를 넓혀 간다. 코칭 과정의 생성은 사실 그렇게 데이터 중심적인 사고방식으로 진행되어 왔다. 이 부분에 대해서는 데이터 편에서 다룬다.

코치가 추구하는 것은 고객이 살아가는 삶의 문화, 그 문화적 변화에 함께 하려는 것이다. 그 큰 맥락 속에서 현재 닥친 업무상황을 공유하고, 직장과 가정과 관계를 공유한다. 그래야 눈앞의 업무성과가 자신의 성장에 기여할 성취와 연결되고, 번아웃 없이 자원으로 축적된다. 3년 이직 사회에서, 코칭 비용을 대주는 회사와, 코칭고객인 고객에게, 모두 도움이 될 수 있는 전략적 설계를 자신의 코칭에 담고자 하는 기대 속에서 춤춘다. 이 부분에 대해서는 설계 편에서 다룬다.

투명성 또한 코치의 전문성 속에서 자리를 잡아 가고 있다. 많은 코치들이 윤리적 관점에 대해서 학습하고 반영하면서 조용한 녹취가 사라지고 있다. 녹취는 고객의 패턴을 살펴보기에 적합하다. 고객이 말하지 않는 행동 패턴을 코치가 알고 대처하기에 좋은 정보를 제공한다. 만약 고객이 스스로 자신의 행동 패턴을 더 쉽게 알아차린다면, 그 행동 패턴이 강점으로 생각되지만 어떤 상황에서는 취약성으로 드러날 수 있다는 것을 이해한다면, 그 패턴을 코치와 공유하고 대처 방안을 스스로 생각하는 기회를 열어갈 것이다. 코치의 지레짐작 대신 고객이 스스로 객관화한 패턴을 놓고 그것을 어떻게 잠재적인 자원으로 활용할 수 있는지 얘기해볼 수 있게 된다. 이 부분에 대해서는 트윈 편에서 다룬다.

그러려면 고객이 스스로 자신을 객관적으로 보는 틀은 전문가인 코치가 만들어서 제공해야 할 것이다. 그것이 빠르고 바르게 자신을 객관화하는 전략이다. 고객이 이번에 원하는 변화가 라이프 패턴인가, 업무 패턴인가, 관계 패턴인가에 따라 AI-트윈에게 제시하는 지침은 달라진다. 무엇을 보고 어떻게 다뤄서 어떤 분석을 통해 예측을 내어놓을지 정확하게 제시하는 것은 코치의 전문성에 따라 달라진다. 이 부분에 대해서는 지침 편에서 다룬다.

코칭은 코칭 방법이나 스킬에 의해서 그 전문성이 드러나는 건 아니다. 코치가 다룰 수 있는 변화에 대한 감각을 기반으로 산업 사회 전체와의 접점을 정확하게 인지하고 다룰 수 있어야 비로소 전문성을 얘기할 수 있다. 코칭의 결과는 고객의 향후 삶에서 천천히 드러난다. 코치로서 활동한 경력의 결과는 코치의 지혜로움에서 천천히 드러난다. 코치라는 일이 어떤 환경에서 어떤 변화를 겪으며 자리 잡고 있는지에 대해서는 코칭산업 편에서 다룬다.

이 책이 시의적절하게 쓰여 지고 있는지 아직 잘 모르겠다. 적절한 시기에 쓰여 졌다면 얼마 후에 변화된 여건을 바탕으로 하는 다른 책들이 미흡한 부분을 보완해 줄 것이라고 믿는다. 아직 준비가 덜 되었지만 말할 수 있는 여건이 조성된 지금 이 사회가 좋을 뿐이다.

2025년 7월
허영숙

Part I. 코칭

01. 코칭

코칭이 실제적인 역할을 할 수 있는 여건은 개인의 변화보다 주변 상황이 더 빠르게 변화할 때라고 생각한다. 실행과 소통 과정에서 필요한 의사결정들이 가치관과 지식에만 의존하기엔 불안한 경우도 포함된다. 개인이 보유한 지식과 정보는 생각보다 많지만 그걸 활용하려는 순간, 함께 작동해야 할 주도성과 창의성이 유연하지 않은 경우도 있다. 어떤 이유에서건 성장하는 개인은 한계에 봉착한다. 한계는 스스로와의 갈등도 만들어 내고, 누군가 상대방과의 갈등도 만들어 낸다. 좌절하게 만들기도 하고, 우기는 상황으로 이끌기도 한다. 잠재능력을 찾아 꺼내들고 장애를 제거함으로써 한계상황을 헤쳐 나가는 그 순간, 코칭이 빛을 발할 때이다.

코치가 대신해 줄 수는 없다. 고객이 가지고 있는 자원을 함께 탐색하고 재구조화하여 시도해보는 과정을 함께 할 수는 있다. 그러려면 고객이 자신을 자신만의 공간에서 끌어안고 있지 않도록 객관화하게 돕고, 드러내어 시도해 보도록 돕는 과정을 함께 해야 한다. 그럴 때 고객의 자산인 고객 데이터가 코치와 일부 공유된다. 코치는 이 공유 자산을 특정 기간 동안 가장 선하게 다듬고 또 다듬어서 고객에게 환원한다. 그들의 팀워크가 좋으면 그들은 깊은 통찰에 다다르게 된다.

고객이 현재의 상황이 드러낸 한계를 인식하고 넘어서서 다른 상황으로 전환할 수 있도록 돕는 코칭의 제반 과정은 코치의 개입보다 고객의 생각이 중요하다는 것을 기반으로 한다. 그래서 진행 자체에서 고객의 생각을 건드리는 작업 비중을 크게 잡는다. 고객과 동행하면서 고객의 생각을 끌어내고, 대화하는 과정에서 스스로 깨달을 수 있게 지원하는 것은 사실, 무에서 유를 창조하는 것과 같다. 코치가 지식을 전달하지 않고, 방법을 제시하지 않으면서 고객의 잠재력을 최대로 끌어올리는 코칭을 해낸다는 것은 어떤 의미를 지니는가. 결국 고객의 생각에 함께 들어가는 역할이 가장 중요함을 깨닫게 된다.

코치가 취하는 접근 방식은 고객의 과거로 거슬러 올라가거나 고객 심리의 비밀을 분석하는 것은 아니다. 고객 스스로 자신의 경험을 하나씩 꺼내 놓으면, 코치는 그 스토리에서 객관화할 수 있는 자원들을 레고블럭처럼 눈앞에 늘어놓는다. 그렇게 수집한 레고블럭들은 고객과 고객이 원하는 변화된 상황으로 가는 자원으로 작동한다. 성을 쌓고 싶으세요? 배를 만들고 싶으신가요?

의미와 개입

공적인 의미와 개인적인 의미가 있다. 어느 사실은 사회적으로는 매우 중요한 의미를 지녔지만 개인에게는 아무런 의미가 없을 수도 있다. 코치는 고객에게 의미가 있는 것이 무엇인지 파악해야 방향성을 찾을 수 있다. 그렇지만 코칭의 초기 단계에서 그걸 알아내는 것은 매우 어려운 일이다. 고객은 자신이 현재 다루고 있는 이슈에 골몰해서 코치도 당연히 알고 있을 것이라고 생각하거나 혹은 알 필요가 없다고 생각해서 언급하지 않고 지나가기도 한다. 고객의 행동에는 담겨진 의미가 있다. 고객이 스스로의 행동 패턴을 객관적으로 살펴보고 거기서 자신의 마음에 와 닿는 행동 패턴을 본다면, 코칭에서 그 부분을 얘기하기가 훨씬 쉬워진다. 그렇게 반복적으로 행동하기 때문에 너무나 당연한 '습관'을 눈앞에 놓고, 해체와 재조립을 거치면서 경계와 범위가 확장되는 걸 볼 수 있다면, 다음 수순은 명료하고 실행하기 쉬워진다. 성장이란 어제처럼 행동하지 않는 것이 있음을 아는 것이다. 어제처럼 행동해도 될 것과 해체하고 재조립힐 것을 고치와 얘기하는 것이 코칭이다.

   코치의 개입이 필요한 경우는 스스로 자신을 객관화하려는 노력을 하지 않을 때이다. 감정일기, 감사일기, 후배들에게 전하고 싶은 말을 글로 적기 등 다양한 방법으로 생각을 글로 써보도록 권하는 개입이 늘어나는 것은 객관화하고자 할 때이다. 또 다른 개입의 방법은 코치가 자신의 취약성을 내보이는 것을 들 수 있다. 자신의 정보를 꽁꽁 꿀

어안고 그저 의미 없는 내용들로만 대화를 채워 나가는 경우에 사람마다 다른 지점에 취약성이 있음을 알리기도 한다. 그게 결국 큰 문제가 아니라는 것을 보여주는 방식이다.

어떤 개입은 고객이 자신의 강점이라고 생각하는 영역에서 한 발자국도 더 나아가지 못하는 경우와 관련된다. 개인의 한계를 넘어설 필요가 있는데 이렇게 경계지역 수비에만 골몰하는 경우에는 세상의 다른 면을 보라고 나침반을 흔들어 보는 것[1]이 필요하다. 흔들리고 나면 그 흔들리면서 생기는 정보와 경험이 기반이 되어 자신의 방향을 잡기가 수월해진다.

관계

우리 사회는 관계가 중요하다. 언제까지 그렇게 말할 수 있을지는 모르겠지만 아직까지는 확실하게 관계의 중요성이 업무 성과와 긴밀하게 연결된다. 그래서 아시아권 코치들에게는 '어떻게 하시겠어요?'라고 묻는 질문이 중요하다.[2] '어떻게'에서는 관계를 고려하는 설정이 보인다. 굳이 말하자면 서구권에서는 '왜요?'라고 묻는다. 왜냐고 묻는 것은 고객의 생각이 중요하므로 그 생각을 알고자 하는 것이다. 생각을 듣다보면 고객의 가치 기준이 보인다. '어떻게'에서는 가치 기준은 좀 덜 나타나지만 관계 맥락은 잘 나타난다. 코치는 고객의 '어떻게'에

1) 김범준, 2025, 나침반은 흔들리며 방향을 잡아나간다. 마인드큐브
2) CCL백서, 2016, 코칭의 효과를 결정짓는 코치와 고객의 특성

서 어떤 흐름이 원활하고 어떤 흐름이 깨져 있거나 막혀 있는지 볼 수 있다.

고객의 관계 흐름을 알면, 습관을 변경하는 시도를 새롭게 해볼 수 있게 된다. 그 방법을 모색하기가 수월해지고, 함께 일하는 방법을 변화시키면 성과가 나타난다. 다른 상황으로 나아가는 길도 찾아진다. 고객의 어떤 행동이 자기 자신과 상대에게 영향을 미치는지 살펴보기도 편안해진다. 관계를 위해 자신을 객관적으로 들여다보고 행동 패턴을 살펴보게 하는 피드백은 코칭을 효과적으로 진행할 수 있게 한다. 코치는 자신이 전문가임을 코칭 현장에서 드러내지 않는다. 코칭 현장에서 전문가는 고객뿐이다. 이 설정을 명료하게 유지해야 고객은 관계 이슈에서 편안하게 헤엄친다.

관계가 얽힌 문제는 정답이 없다. 고객 스스로 자신의 감정과 반응의 구조를 탐색하도록 돕는 것이 중요하다. 코치는 거울을 들어 보이는 질문을 하고, 고객은 자신의 일상과 관계 안에서 반복되는 패턴을 스스로 인식하면서 변화의 실마리를 찾게 된다.

코칭 이슈

고객이 들고 오는 코칭의 주제는 절박한 이슈와, 적절한 걸 하나 정해 온 이슈로 나뉜다. 아직은 코칭 비용을 내주는 스폰서가 따로 있는 경우가 많으므로 고객은 자신이 필요한 경우에 코치를 만나는 것이 아닐

가능성이 높다. 그런데도 자기가 중요하다고 생각하는 이슈를 들고 오는 경우와 그렇지 않은 경우가 혼재하는 것은 개인의 내재 성향이 큰 영향을 미친다. 우리의 무의식에는 사람으로 살아가는 데 필요한 공통 요소들과 '고유한' 개인임을 결정하는 개별 요소들이 들어 있다. 공통 요소들과 개별 요소들은 고객이 행동하는 순간에 고유하게 결합 패턴을 드러내며 고객만의 개성으로 표현된다. '어떻게 결합'해서 고객의 고유한 성격으로 나타나는지 알기 어렵지만 그 결합 방식은 항상 행동 표현에 영향을 미친다. 결합 방식은 늘 반복적으로 나타난다. "알긴 알지만 그 순간에 그렇게 하기 어려웠어요." 늘 머리와 몸이 같은 행동을 지향하는 건 아니다.

 AI가 제 역할을 해내기 위해 사전 학습한 수많은 자료는, 사람들의 공통 요소들로 형성되었을 가능성이 크다. 누가 어떤 질문을 하건 사용자에게 그럴싸하게 맞는 대답을 준다는 의미와도 같다. 사전 학습에 사용된 데이터가 편향될 수도 있겠지만, 데이터 양이 워낙 많아 공통 요소는 대체로 잘 가져온다. 그렇게 AI와의 대화를 이어 나가다 보면 '우리'는 보이는데 '나'는 보이지 않는 경우가 생긴다. 맞긴 하지만 조금 다른 어떤 것, 공식적 무대 발언과 우리끼리 술이나 차를 마시며 뒷담화를 하는 것의 차이만큼의 괴리 요인이 있다. 코칭 이슈에서도 그런 점이 보인다. 때때로 고객이 말하는 '이슈'는 겉으로 드러낸 이야기일 뿐이고, 실제로 다루고 싶은 핵심은 그 아래 숨어 있는 감정이나 의미일 수 있다. 코치는 그 틈을 민감하게 감지해야 한다.

코칭 서비스

코칭은 서비스 상품이다. 서비스를 제공하는 기간과 횟수가 정해지고 코치가 지켜야 할 규정과 고객에게 제시하는 규정을 알아야 한다. 고객의 요구사항, 적정한 비용, 양측의 권리와 의무를 명기한 계약서를 공유한다. 전문 서비스에는 전략과 모델이 수반된다. 어느 정도 형식을 갖춰 그 범위 내에서 작동할 수 있도록 프로세스를 정해놓는 것이 상품으로서의 서비스이다.

코치는 조력 서비스를 제공하는 가치에 대해 깊이 이해하고 있는 사람이다. 조력 서비스의 가치에는 투명성과 명확성이 수반된다. 코치는 고객의 생각 프로세스에 동참한 결과로 습득한 데이터를 고객 외에 공유하지 않는다. 고객의 스폰서에게 결과 보고서를 보낼 때에도 이러한 인지적 데이터에 관련한 부분은 비껴가는 내용만 포괄적으로 담게 된다. 그러나 점차 감정을 다루는 AI 작업으로 인하여 감정 데이터가 객관화되는 것이 자유로워지고 있다. '너 T야?'라는 말이 유행하게 한 성격진단으로 개인별 특성을 공유하는 것에 스스럼없어진 사회가 되면서 공유 한계가 달라지는 양상이다.

코칭 서비스 영역 또한 확장되고 있다. 변화하는 환경, 효율성을 위한 민첩한 방법론들이 빠르게 대두되면서 동시다발적으로 영역별 코칭 상품이 나타났다. 영역 확장은 일어났지만 상품 모델이 다양하게 나타나는 상황은 아직 아니다. 무엇이 소비되고 왜 소비되고 있는지에 대한 공유가 필요한 시점이다. 고객에게 제공되는 상품으로서의 코칭 서비스에 대해 객관적 논의도 필요할 수 있다. 리더십 코칭 영역에서도 변화와 니즈, 그 흐름은 매우 거센 상황이다. 상품으로서의 서비스 내역과 아울러 서비스 품질 또한 코칭 전문성 차원에서 살펴보고 접점 확장을 위한 지표를 확인할 시기다.

기술과의 협업

디지털 전환이 빠르게 진행되는 코칭 환경 속에서, 코칭도 기술과 협업하며 성장하고 있다. 코치에겐, 기술적 역량의 확장만으로는 충분하지 않다. 코치는 인간 고유의 감성, 해석력, 관계성을 기반으로 의미를 창출하는 존재로서의 정체성이 더 중요해지고 있다. 코치는 단순한 기계 사용자에서 벗어나, 기계와 협력하며 인간다움을 유지하는 '의미 설계자'로 자리매김해야 한다.

　AI는 방대한 데이터 분석과 프로세스 자동화를 통해 코칭의 구조와 흐름을 효율적으로 정리할 수 있지만, 심리적 공간을 열고, 감정을 해석하며, 관계를 조율하는 역할은 인간만이 할 수 있는 고유 영역이다. 예를 들어, AI는 고객의 말 속에서 키워드를 추출하거나 이전 대화 내용을 요약하는 데는 탁월하지만, 고객의 침묵에서 느껴지는 감정의 결을 읽고, 그에 맞춰 반응하는 섬세한 대응은 인간의 직관과 감성에 기반을 둔다. 기계는 구조를 제공하고, 코치는 감정과 의미를 재현한다.

　효율적이고 따뜻한 코칭을 실현하기 위해서는 인간과 AI의 협업 방식이 코칭 흐름 전반에 걸쳐 구체적으로 설계되어야 한다. 세션 전에는 AI가 고객 데이터를 분석하고 질문 아이디어를 제공함으로써 사전 준비를 돕고, 세션 중에는 코치가 인간 중심의 대화와 해석을 주도하며, 세션 후에는 AI가 진행 내용 요약, 피드백 수집, 행동계획 정리를 지원하는 식의 역할 분담이 가능하다. 기술이 돕는 방식과 인간이 개입하는 방식 간의 경계를 명확히 인식하는 것이 중요하다.

코치의 변화 방향성

AI는 분석과 예측을 제공한다. 코치는 감정, 관계, 해석, 신뢰를 설계하는 존재로서 AI가 제공하는 자원을 사용한다. 코치의 경쟁력은 '잘 듣는 사람'이 아니라 '감정과 기술의 중간 지대를 안전하게 연결해주는 사람'으로 이동하고 있다. AI 코칭 환경에서 코치는 기술을 이해하고, 경계를 설정하며, 그 너머에서 감정을 다루는 전략적 존재로 기대된다. 코치는 기존의 질문 기술, 공감 능력을 기반으로 다음 세 가지 과제를 풀어가야 한다.

- 디지털 리터러시: 도구를 다룰 뿐 아니라, 왜 쓰는지를 이해
- 해석자 사고력: 고객의 흐름을 함께 해석하고 여백 설계
- 설계자적 사고: 기술과 감정을 통합한 코칭 상품 전체를 디자인

디지털 리터러시는 언제, 왜 쓰는지 판단할 수 있는 감각을 필요로 한다. 기술은 선택이 아니라 환경이기 때문에 플랫폼 사용, 챗봇 이해, 데이터 흐름 구조, 기본적인 AI 작동 원리에 대한 소양이 코칭 전문성의 일부로 간주되어야 한다.

코칭의 전문성은 '정확한 해석'이 아니라 '해석의 여백을 설계하는 능력'에서 온다. 코치는 감정·데이터·리포트를 '대신 해석하는 사람'이 아니라, '함께 해석하고 질문을 유도하는 촉진자'로 활동해야 한다. "이 데이터가 무엇을 말하는가?"보다 "이 사람이 이 데이터를 어떻게 해석하도록 도울 것인가?"에 주력해야 함을 의미한다.

감정과 맥락, 윤리, 흐름을 설계자적 관점에서 다루려면, 코칭 과정, 질문 구조, AI 협업 흐름, 실행 후 리마인드까지 전체 여정을 서비스 상품으로 구조화할 수 있는 능력이 필요하다. 설계자적 사고란, 기술을 단순히 활용하는 데 그치지 않고, 고객의 경험을 중심으로 의미를 해석하고 조율하며 인간다움을 지키는 것을 기반으로 한다.

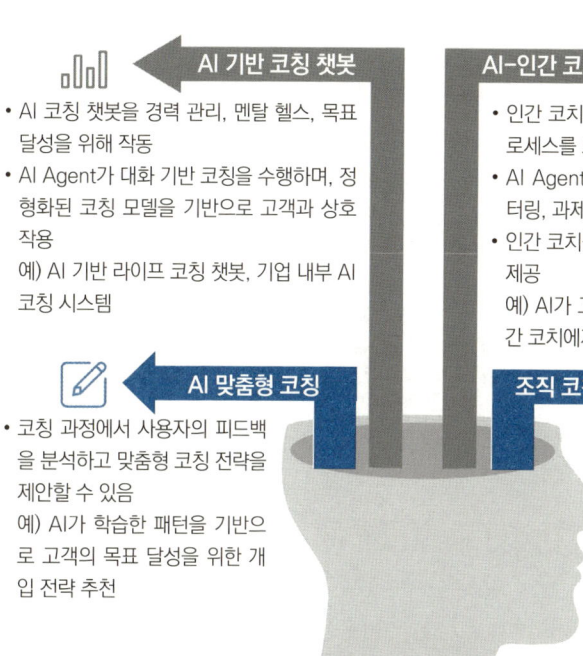

[그림 1] AI 에이전트 – AI 코칭 연결

AI 에이전트는 코칭 챗봇, 맞춤형 전략, 인간 코치 협업, 조직 시스템과 연결되어 다양한 방식으로 코칭을 지원한다. 대화형 챗봇은 경력관리와 멘탈헬스를 돕고, AI는 고객 데이터를 분석해 개인화된 전략을 제안한다. 또한 인간 코치와 협업해 감정 상태를 분석·전달하고, 조직 차원에서는 AI 코칭 시스템을 통해 구성원 성장을 지원한다.

02. AI 기반 코칭의 산업적 맥락

디지털 전환의 흐름 속에서 코칭 산업 역시 빠르게 변화하고 있다. 특히 AI 기술의 도입은 코칭 서비스의 운영, 접근성, 확장성, 개인화 수준을 근본적으로 변화시키고 있으며, 선도적인 기업들은 각기 다른 방향으로 혁신을 시도하고 있다. 이들 코칭 기업들은 AI를 자동화 도구로 사용하면서, 코치에게 추가 정보를 제공하고 고객의 자기성찰과 학습을 촉진하는 디지털 파트너로 활용한다. 이를 통해 코칭의 접근성과 다양성, 운영 효율성을 동시에 높이며, 누구나 코칭을 경험할 수 있는 포용적 생태계를 구축하기 시작했다. Coaching.com, Sounding Board, PocketConfidant AI, Rocky AI, Optify, Delenta 등 대표적인 코칭 기업들은 어떤 전략과 비전으로 디지털 코칭 산업을 이끌고 있는지 살펴보고자 한다.[1]

---

1) 조나단 패스모어 등, 2025, 디지털 코칭과 AI, 코칭북스

Coaching.com – 코칭 운영의 디지털화와 확장성의 정교화

Coaching.com은 코칭 운영의 모든 과정을 통합 관리할 수 있는 SaaS 플랫폼으로 진화했다. 이들은 기술이 코칭의 품질을 대신하기보다, 코치가 사람에 집중할 수 있도록 관리·운영의 부담을 줄이는 데 초점을 맞춘다. CoachLogix라는 브랜드로 시작한 이들은 2021년 'Coaching.com'으로 리브랜딩하며, 플랫폼의 확장성과 중립성을 강화했다. 특히 WBECS 인수를 통해 코치 커뮤니티와 교육 기능을 결합, 기술과 인간 중심성의 조화를 추구하고 있다. 이들은 코칭 산업의 미래를 'AI 기반 관리와 성과측정으로 코칭의 ROI를 혁신하는 방향'이라고 제시하고 있다.

Sounding Board – 리더십 전문성과 코치 중심의 고품질 코칭

Sounding Board는 '모든 리더를 위한 임원형 코칭'을 목표로 삼으며, 품질 중심의 전략을 고수하고 있다. 코치 중심 모델을 통해 코칭의 일관성과 전문성을 보장하며 코치의 몰입을 유도한다. 이들은 디지털 기반의 플랫폼을 사용하지만, 기술이 코치의 인간적 영향력을 대체하지 않도록 설계하고 있다. 업계 최고 수준의 추천 점수(NPS 94)를 기록하며, 품질 중심의 리더십 개발을 코칭 산업의 핵심 전략으로 제시하고 있다.

PocketConfidant AI – AI를 통한 자기성찰 촉진과 코칭 민주화

PocketConfidant AI는 코칭의 민주화와 개인 주도 학습 강화를 목표로, AI 기술을 전면에 내세운 기업이다. 비동기적 셀프 코칭, AI 에이전트, IoT 및 VR기술과의 통합을 통해 언제 어디서나 코칭에 접근할 수 있는 환경을 구축하였다. 이들은 AI를 코치의 대체재로 보지 않고, 개인의 자기성찰과 학습을 촉진하는 보조자 역할로 설정하고 있다. 코칭경험의 개인화를 강조하며, 개인 주도권 강화를 통해 산업 패러다임의 전환을 이끌고 있다.

Rocky AI – 마이크로 코칭으로 일상의 성장 촉진

Rocky AI는 하루 1~2회의 짧은 AI 코칭 대화를 통해 신경가소성 기반 학습을 유도한다. 사용자 중심의 자기성찰 공간과 익명성 보장을 통해 저비용·무예약·비동기적 AI 코칭을 실현하며, 누구나 일상 속에서 코칭을 경험할 수 있도록 설계했다. 기업 고객을 위한 화이트라벨

솔루션도 제공하며, 개인 맞춤형 AI 코치를 쉽게 구현할 수 있는 시스템을 갖추고 있다. Rocky AI는 더 많은 사람이 코칭을 누릴 수 있는 민주적 서비스로 발전시키는 것을 핵심 가치로 삼고 있다.

Optify - 기술과 인간 중심의 균형 속 리더십 개발

Optify는 기술과 코칭 본질의 조화를 중시하는 기업으로, 기술은 운영 효율성을 지원하는 도구이며 핵심은 인간적 연결에 있다고 본다. 대규모 코칭 프로그램을 조직 내 L&D와 연계하여 운영할 수 있도록 지원하며, 각자의 역할에 따라 자율적으로 일하고, 상하관계보다 협업과 책임을 중심으로 운영되는 구조를 보장한다. 이들은 리더십 개발 과정에 코칭을 자연스럽게 녹여내는 전략을 통해, 코칭을 리더십 성장의 일상적 수단으로 안착시키고자 한다.

Delenta - 코치 비즈니스의 자립과 성장 지원

Delenta는 코칭의 접근성과 비즈니스 지속성을 동시에 추구하는 플랫폼이다. 코치들이 하나의 플랫폼에서 예약, 결제, 수업관리, 마케팅까지 통합적으로 운영할 수 있도록 하여, 코치의 자립적 사업운영을 지원한다. 지리적 제약을 허물고 글로벌 코치 커뮤니티와 협업을 가능케 하며, AI 및 VR/AR 기술을 활용한 몰입형 코칭 경험 개발도 추진 중이다. Delenta는 코칭 기술의 대중화를 통해 누구나 코칭을 받을 수 있고, 누구나 코칭 비즈니스를 구축할 수 있는 생태계를 만드는 데 집중한다.

이들 코칭 기업은 AI를 도입하여 코치-고객 매칭, 진행 상황 추적, 개인화 전략 제안, 감정 상태 분석 등 다양한 방식으로 코칭을 지원한다. 기업 고유의 플랫폼을 통해 AI 기반 챗봇, 코칭 분석 도구, 맞춤형 성장 경로 설계 기능 등을 통합하고 있다. 위에서 설명한 코칭 기업 외에도, evoach는 코칭 챗봇 제작 도구를, CoachHub는 AI 매칭 시스템을, EZRA는 행동 변화 측정 AI를, uExcelerate는 조직 코칭 문화 분석 모델과 AI 피드백 기능을 제공한다. AI는 개인화된 코칭 제공은 물론, 코칭 효과 측정과 확산을 위한 핵심 수단으로 작동하며, 학습 콘텐츠와 HR 시스템까지 연동되는 통합 플랫폼으로 진화하고 있다.

각 기업은 AI 기술을 코칭의 본질을 강화하는 도구로 사용하고 있다. 이들 기업의 사례는 AI 기술이 인간을 대체하는 것이 아니라, 더 많은 사람에게 깊이 있는 경험을 제공하고, 코칭을 일상적 성장 도구로 확산시킬 수 있다는 가능성을 제시한다. 향후 디지털 코칭 산업의 발전은 AI 기술과 코치의 상호보완적 협력 모델 위에서 더욱 풍부하고 확장된 방향으로 진화할 것이다.

데이터 중심 인재개발 현황

AI 기반의 자기 탐색, 행동예측, 성장점 진단은 현재 산업 현장에서 일어나고 있는 데이터 중심 전략 변화와 깊이 연결되어 있다. 기업들은 고객과 직원의 경험을 정밀하게 이해하고 예측하기 위해 점점 더 정교한 데이터 분석과 시뮬레이션 기술을 도입하고 있으며, 이는 개인의 내재 성향을 기반으로 한 행동모델링과도 맞닿아 있다. 특히 AI 기술이 확산됨에 따라 조직은 과거의 평균적 분석에서 벗어나 각 개인의 고유한 특성과 패턴을 실시간으로 파악하고, 이에 맞는 맞춤형 개입 전략을 설계하려는 움직임을 보이고 있다.

이러한 변화는 코칭, 인사, 조직개발뿐 아니라 마케팅, 서비스 설계, 고객 지원 등 다양한 영역에 적용되고 있다. AI 활용을 통해 개인의 성향과 행동을 예측하고, 마찰이 일어날 수 있는 지점을 미리 파악하는 방식은 인간 중심 설계와 데이터 기반 의사결정을 연결하는 강력한 도구로 주목받고 있으며, 향후 조직의 변화 대응력과 지속가능한 성장 전략의 핵심 수단이 될 수 있다.

AI 기반의 자기 탐색은 개인의 내재 성향, 행동 패턴, 감정 반응 등을 정량적·구조적으로 파악하고 이를 바탕으로 자신을 보다 객관적으로 이해하려는 과정이다. 기존의 자기 인식은 주관적인 경험과 감정에 의존하는 경향이 컸지만, AI는 데이터를 기반으로 반복되는 행동 경향성과 상황 반응을 시뮬레이션하여 스스로를 외부에서 관찰하듯 바라볼 수 있게 해준다. 이를 통해 개인은 자신의 강점과 한계를 더 명확히 인식하고, 특정한 맥락에서 반복되는 마찰이나 불편의 원인을 깊이 들여다볼 수 있다. 특히 AI는 코칭이나 자기 성찰 도구로 활용될 때, 성향 간 상호작용, 상황별 반응 예측, 내면의 동기 탐색에 유용하게 작용한다. 단순한 성격 분류를 넘어, '왜 나는 이 상황에서 불편함을 느끼는가,' '어떤 조건이 나의 몰입을 촉진하는가'와 같은 질문에 구체적인 근거와 방향성을 제시한다. 결과적으로 AI 기반 자기 탐색은 변화와 성장을 위한 실천의 출발점이 되며, 자기 주도적 삶과 성숙한 관계 형성의 핵심 도구로 자리매김할 수 있다.

AI 기반의 행동 예측은 개인의 내재 성향 데이터를 바탕으로 특정 상황에서 어떤 반응이나 행동을 보일 가능성이 높은지를 시뮬레이션하는 과정이다. 이는 단순한 성격 진단이나 MBTI와 같은 유형 분류를 넘어, 실제 맥락에서의 선택과 반응을 구체적으로 예측하는 데 초점을 둔다. 예를 들어, 변화가 많은 환경에서 스트레스를 받을 때 누군가는 문제 해결에 몰두하고, 또 다른 누군가는 회피하거나 타인을 탓하는 경향을 보일 수 있다. AI는 이처럼 개인이 어떤 상황에서 어떤 행동 패턴을 보이는지를 정량적으로 분석하고, 그 결과를 시각화하거나 시뮬레이션 형태로 제공함으로써 자기이해와 타인지각을 동시에 확장시켜 준다.

조직 내에서는 협업, 갈등, 리더십, 피드백 수용 등 다양한 장면에서 구성원의 반응을 예측함으로써 더 효과적인 의사소통전략이나 팀워크 설계를 가능하게 한다. 행동 예측은 단지 미래를 점치는 것이 아니라, 성향 기반 데이터를 통해 반복되는 경향성과 취약지점을 조기에 파악하고, 이를 기반으로 성장을 위한 개입 포인트를 명확히 설정할 수 있게 해준다.

AI 기반의 성장점 진단은 개인이 반복적으로 불편함을 느끼거나 갈등이 발생하는 상황을 내재 성향과 연결하여 구조적으로 분석하는 과정이다. 사람마다 스트레스를 유발하는 조건이나 반응 방식이 다르기 때문에, 단순히 '갈등이 생겼다'는 결과만 보기보다는 그 이면의 원인을 성향 기반으로 해석하는 것이 중요하다. 예를 들어, 높은 '자율성' 성향을 가진 사람은 세세한 지시나 통제에 예민하게 반응할 수 있고, 반대로 높은 '안정성' 성향을 가진 사람은 빠른 변화나 불확실한 상황에서 혼란과 저항을 느끼기 쉽다. AI는 이러한 성향과 상황의 조합을 분석하여, 어떤 조건이 개인의 몰입을 방해하고 어떤 맥락에서 반복적인 에너지 소모가 일어나는지를 진단한다. 성장점은 갈등요인, 내면적 모순, 예컨대 '성과를 내고 싶지만 실패가 두려운' 이중적인 욕구 충돌도 포함된다. AI 기반 성장점 진단은 이러한 내·외부의 충돌 지점을 시각화하거나 시나리오 형태로 제공함으로써 개인이 미처 인식하지 못했던 자기 내면의 패턴을 자각하게 돕는다. 이는 단순한 자기 성찰을 넘어, 실제적인 변화 설계와 감정 조절, 관계 개선의 출발점이 되며, 특히 코칭이나 리더십 개발, 조직문화 진단 등에서 강력한 도구로 활용될 수 있다.

AI를 코칭에 활용하기

AI를 코칭에 활용하는 모델은 고객 각자의 내재 성향 데이터를 기반으로 개별적인 AI-트윈을 구축하고, 해당 트윈을 바탕으로 자기 탐색과 행동 예측, 성장점 진단 등을 수행하는 구조로 제시될 수 있다. 이 방식은 클라우드 기반 대규모 연산에 의존하지 않고, 고객의 로컬 환경이나 코치가 관리하는 제한된 시스템 내에서 이루어지기 때문에, 최근 보고되고 있는 데이터 센터의 비용 급등이나 수용 용량의 한계와는 일정 부분 독립적이다. 특히, 산업 전반에서 AI 모델 운용에 따른 에너지 소비와 인프라 부담이 커지고 있는 상황[2]에서, 코칭용 AI-트윈은 소규모 맞춤형 분석을 중심으로 구성되어 있어, 리소스 효율성과 개인정보 보호 측면에서 유리하다. 이러한 접근은 개인의 성장과 조직 내 활용을 동시에 지원하면서도 기술 인프라에 대한 의존도를 낮추고, 실용적이며 지속 가능한 코칭 모델로 자리 잡을 가능성이 높다. 결과적으로, AI-트윈을 코칭 도구로 활용하는 모델은 고객 맞춤형 개입을 가능하게 하면서도, 현재의 기술 환경 변화에 유연하게 대응할 수 있는 전략적 해법으로 주목받고 있다.

AI 역량은 이제 조직을 이끄는 리더십, 방향을 설정하는 전략적 사고, 그리고 변화에 맞춰 지속적으로 성장하려는 학습 역량에 초점이

---

[2] Data center costs surge up to 18% as enterprises face two-year capacity drought, 20250627, https://www.networkworld.com/profile/gyana-swAIn-2/

맞춰지고 있다.[3] 이 관점은 코치들에게도 동일하게 적용된다. AI를 활용하려는 코치는 고객과 조직이 AI 전환기에 겪는 혼란과 도전에 대응하고, 새로운 가능성을 함께 설계하는 리더로서 활동하려는 자세가 필요하다. 즉, 코치에게 필요한 AI 역량이란 기술적 능력을 넘어서, 변화의 의미를 파악하고, 그것이 개인과 조직에 어떤 영향을 미칠지를 함께 탐색하며, 고객이 자신의 역할과 정체성을 재정립할 수 있도록 전략적으로 지원하는 힘에 있다. AI 시대의 코치는 기술 습득자이기보다는 방향 설정자이자 사고 전환의 촉진자이며, 바로 이러한 리더십과 전략적 감각이야말로 코치가 갖추어야 할 핵심 AI 역량이라 할 수 있다.

기업조직들은 AI 도입 시 즉각적인 가시적 효과보다 장기적 역량 내재화를 더 중시하고, 대규모 투자 없이도 작게 시작해서 빠르게 실험하고 확장하는 방식을 선호한다.[4] 이러한 흐름은 코칭 업계에도 그대로 적용된다. 현재 대형 코칭 기업들은 조직 내부에서 AI를 학습시켜 AI 코치로 확장하는 산업화 단계로 가고 있다. 코칭 기업들이 자동화된 AI 코칭과 코치 협업 모델로 성장하고 있지만, 그러한 변화가 독립 코치들에게 파트너 코치로서의 안정성을 제공하기 전까지는 코치들은 생성형 AI 기반 협업 구조를 개별적으로 만들어야 한다.

---

3) Global Tech Tales: What Buyers Want, Episode 7: AI skills every CIO needs now. 20250508, CIO
4) Global Tech Tales: What Buyers Want. Episode 5: Managing risk in the AI world, 20250304, CIO.

생성형 AI 기반 코칭

생성형 AI 기반 **AI-트윈 코칭 모델**은 독립 코치들이 비교적 낮은 비용으로 AI를 도입할 수 있는 매우 유용한 전환 도구로 작동한다. 이 모델은 대규모 기술 인프라나 AI 개발 투자를 감당하기 어려운 독립 코치들에게 자기 고객의 내재 성향 데이터를 중심으로 AI-트윈을 설계하고, 이를 기반으로 행동 예측, 마찰 지점 진단, 맞춤형 개입 시나리오를 구현함으로써 AI를 실제 코칭 프로세스에 통합할 수 있도록 돕는다. 독립 코치가 자신의 전문성을 유지하면서도, 변화하는 시장 흐름에 맞춰 AI 친화적인 코칭 모델로 점진적으로 전환할 수 있는 전략적 방법이다.

Part II. 데이터

대화 기록

감정 변화

실행 이행

패턴/통찰

코칭 데이터는 고객 변화의 실마리를 포착하는 고밀도 정보다. 발화와 반응은 '대화 기록'으로, 정서의 흔들림은 '감정 변화'로, 실행의 흔적은 '이행 정보'로 남는다. 그리고 그 모든 흐름을 가로지르는 반복과 깨달음의 순간이 '패턴/통찰'로 연결된다. 이 네 가지 단위는 코칭을 정량화하고, AI가 개입할 수 있는 정교한 기반이 된다.

03. 이야기

데이터는 이야기에서 출발한다

코치는 항상 경청기술의 스위치를 ON에 놓고 있다. 그래서 코칭 영역을 자신의 진로로 삼고 일하는지도 모른다. 이야기에서 진정한 핵심이 무엇인지 찾는다. 이야기의 핵심과 그 핵심을 형용하는 감정적인 반응을 듣는다. 들으면서 그 두 가지를 분리하고자 한다. 분리가 되면 거기서 데이터가 나온다. 데이터가 쌓이면서 대응 방향성을 본다.

   이야기의 핵심 주변에서 반대자가 존재하고 신념과 상충되는 요인들도 나타난다. 이러한 이야기는 좋은 데이터일 수도 있고 일단 버려둬야 하는 데이터일 수도 있다. 고객의 관점에서 다룰 때 이 반대 스토리를 어떻게 할 것인가는 매우 중요한 요소이다. 고객도 이 부분을 이야기할 때 코치의 반응을 살필 것이다. 반대자의 의미와 원인을 모르면 그게 문제와 어디쯤에서 맞닿는지 묻는다. 이해하기 위해서이다. 고객이 많이 말하게 하고, 목소리를 높여 말하게 하는 것이 중요하다.

목소리를 높여 말할 때 보이는 에너지는 코치에게 추가 정보를 제공한다. 만약 코치가 너무 빨리 반응한다면 고객은 좌절하면서 문을 닫는다. 코치와 고객 서로가 통제력을 잃는 순간이다. 고객이 스스로 코치의 반응에 호기심을 보일 때, 고객의 관심을 끌 수 있는 감정적 동조로 대화 공간을 확장할 수 있게 된다.

고객은 자신을 위해 혁신하고, 자신의 성장을 주도하고 싶어 한다. 코치는 고객의 자신감과 경험개발을 위한 지원을 한다. 그 지원을 위한 코치의 자원이 고객 데이터이다. 일반적인 빅데이터 분석용 사람 데이터는 AI가 제공해 주기 때문에 코치는 더 예민하게 스스로 수합하는 데이터에 집중하게 된다.

고객의 이야기가 모순되거나 감정이 정리되지 않았을 때, AI는 정확성을 잃고 당황하지만 코치는 그 모호함을 함께 견디고 질문을 유보할 수 있다. 우리는 그 복잡함을 견뎌주는 존재이다. "괜찮습니다. 지금 정리되지 않아도 함께 머무르고 있습니다."라는 한 마디가 우리의 존재 이유를 말해준다. 코치는 고객의 이야기가 머물 수 있는 심리적 공간을 설계한다. 그 공간에는 코치의 비언어적 메시지가 깔려 있다. 그 속에서 고객은 자기감정을 해석해서 이야기로 풀어내고, 다시 말하게 되면서 내면의 공간을 열어간다.

고객의 이야기는 말로만 풀어내는 게 아니다. 미세한 표정, 침묵의 리듬, 말끝의 떨림, 눈가에 얼핏 스치는 붉은 기운 등이 더 많은 이야기로 표현된다. 자동화로 수집할 수 없는 데이터이다. 코치는 고객이 말한 이야기보다 말하지 않은 이야기에도 집중하고 감지할 수 있는 존재이다.

어디선가 데이터는 우리 비즈니스의 새로운 통화라 했다. 맞는 말이다. 그런데 AI 코칭에서는 그 데이터가 활용하기 애매한 자원이 되기도 한다. 소유권이 불분명한 자원이라 그렇다. 이야기가 전하는 단어의 나열, 문장과 문장 사이에 존재하는 망설임의 시간적 길이 등 수집된 데이터가 무게나 여운을 함께 느낄 수 없는 자원일 경우에도 그렇다.

코치의 머릿속으로 들어온 데이터는 밖으로 나가지 못하고 코치의 머릿속에서 스트리밍된다. 그 속에서 자신의 방식으로 정리가 된다. 인식의 차이로 인해 똑같은 내용도 사람마다 받아들이는 방법이 다르고, 수집된 정보를 바탕으로 판단을 내릴 때에도 각자 자신이 선호하는 방식으로 진행한다. 선호하지 않는 내용은 내 안에서도 반응이 느리다. 왜 그렇게 행동하는가 하는 것은 이러한 선호와 비선호의 결합이 내리는 판단이고, 가치관이란 왜 그렇게 행동하는가에 대한 이해이다.

고객의 이야기는 고객에게 머물 때와 코치에게 공유된 자원일 때, 그 무게와 여운이 같은 비중을 차지할수록 좋은 데이터로 작동할 수 있다. 코치가 고객의 생각에 동참하고, 고객과 함께 하려는 노력을 중시하는 이유이다. AI 시대에 고객에게서 나온 이야기가 데이터로 작동할 때 우리는 그 데이터를 매우 귀하게 여겨야 한다.

04. 내놓는 이야기와 끌어안은 이야기

코치가 단순한 질문자에서 벗어나 어떻게 관계의 흐름과 정서적 리듬을 설계하는 존재로 성장해야 하는가. 전문성은 질문의 정교함에서 감정의 리듬을 조율하는 능력으로 확장될 때 부여된다. 감정의 공간을 설계하고, 감정의 언어를 허용하는 안정된 중심에서 코치의 전문성이 발휘된다. 코치는 정서가 흐를 수 있는 구조를 만드는 사람이다. 기술이 대화를 매개하고, 비언어적 단서가 줄어드는 디지털 환경에서는 코치가 공간과 정서의 흐름을 어떻게 설계하는가 하는 것이 훨씬 더 중요해진다. 전문성은 사람과 사람 사이의 정서적 간격을 감지하고 다루는 능력, 즉 정서적 리더십과 관계 설계 역량으로 이동하고 있다.

정서적 리더십이란, 고객의 감정을 컨트롤하거나 이끄는 것이 아니다. 그보다는 고객이 자신의 감정을 안전하게 느끼고, 표현하며, 해석해 나갈 수 있도록 정서적 톤과 구조를 조율해주는 조력자로 기능하는 것이다. 고객이 표현하지 않은 감정과 이야기를 감지하고, 그것을 말할 수 있도록 심리적 공간을 제공한다. 감정 표현이 막혔을 때, "그 감정이 말이 아닌 형태로 전달된 적은 없었을까요?"라고 감각의 문을 열어줄 수도 있다. 정서적 리더십은 무게 중심을 코치 자신이 아니라 고객에게 두면서도, 그 리듬을 조정해주는 유연한 중심성에서 비롯된다. 내어놓는 이야기의 공간에는 고객이 안전함을 느낀다는 표식이 붙어 있다. 코치의 정서적 리더십은 고객이 안전함을 느끼고 표현하고, 스스로 해석할 수 있도록 정서 구조와 수위를 조절할 수 있게 한다. 정서적 리더십은 정서 조율 역량에서 나온다.

코치와 고객 사이의 관계는 저절로 생기는 것은 아니다. 코치는 관계의 구조와 흐름, 정서적 지형까지 설계하면서 관계를 구축해 나가야 한다. 고객이 끌어안고 있는 이야기가 나올 수 있도록 하려면 말의 내용보다 그 말이 떠다닐 수 있는 공간을 만드는 역할을 수행해야 한다. 관계를 설계하는 데 살펴볼 역할은 흐름, 리듬, 유지, 그리고 회복으로 나뉜다. 코칭 시작에 흐름 설계는 코칭에 오기 직전까지의 감정을 탐색한 뒤 주제로 접근해가고, 종료로 이어지는 부분에 대해 살핀다. 리듬 설계는 코칭 세션과 다음 코칭 세션 사이에 마음먹은 것을 실행에 옮기도록 하는데 기여한다. 유지 설계는 코치의 존재감을 유지하기 위해 일관성, 속도조절, 피드백의 온도를 고려한다. 회복 설계는 실행 실패나 생각지 않은 관계 충돌시 감정을 다루고 신뢰를 회복할 수 있는 구조적 장치를 마련함으로써 코치와의 관계가 수용되도록 해준다. 관계 설계 역량은 그렇게 고려해야 할 여러 가지 요소들이 결합되어 있는 조력 역량이다.

끌어안고 있는 이야기가 내어놓는 이야기로 전환되었을 때 고객의 정서구조는 불안과 불편의 비중이 높다. 그 때 코치가 고객의 감정 안에 함께 머무르는 것은 코치의 존재감을 강화시켜준다. 섬세하게 감지하고 안정적으로 관계를 풀어나감으로써 고객의 존재 안에 머물게 하는 조력 역량은 감각복원 역량이라 한다. 정서구조로 전환될 때 코치는 말하지 않은 무언가가 함께 있음을 알아차리고, 지금은 이 질문을 할 때가 아닌 것을 알아차린다.

고객이 끌어안고 있던 이야기를 내어놓는 것은 우연히 그렇게 되는 게 아니다. 코치가 관계를 의도적으로 설계해야 심리적 안전감이 확보되어 가능해지는 상황이다. 관계는 '자연스럽게' 형성되지 않는다. 관계 형성은 정서적 존재감 설계의 결과이며, 코칭은 결국 관계를 통해 변화가 일어나는 실천이다. 고객이 자기감정과 생각을 드러내는 과정에는 '이 사람이 나를 보고 있다', '이 공간이 안전하다'라는 신뢰가 반드시 필요하다. 코치가 연결의 리듬을 만들어야 한다. 심리적 안전감은 감정 공유와 정서적 일관성을 기반으로 만들어진다.

고객이 자신의 경험을 어떻게 말해도 받아들여질 수 있다는 감정적 믿음, 예측 가능성, 그리고 코치의 언어, 표정, 응답 속도에서 느껴지는 정서적 일관성은 관계를 유지하기 위한 필수 조건이다. 정서적 연결은 여전히 사람이 만들어내는 것이다.

공감은 언어, 정서적 일관성, 감정 인식으로 구현된다. 공감은 코칭의 핵심이다. 인지적 공감은 감정의 정확한 반영이고, 감정을 정제된 문장으로 표현하는 언어적 섬세함은 공감의 표현기술이다. 언어적 톤과 리듬의 일치성을 유지하는 정서적 일관성은 안전한 공간을 제공한다.

공감을 촉진하는 기술 요소들에는 고객이 사용한 단어(예: "답답하다", "불편했다" 등)에서 정서 패턴을 감지하는 언어 기반 요소가 있고, 고객의 감정 언어를 다시 들려주며 감정의 반복성을 인지시키는 대화 복기 요소도 있다. 정교한 언어와 구조로 살피면 말투, 문장 길이, 질문 리듬, 확인의 방식 등 세부적 언어 선택에서 감정적 동행이 일어난다.

공감을 설계하는 코치는 다음과 같은 질문을 고려한다.

- 고객의 감정을 요약할 때, 그 뉘앙스를 보존하고 있는가?
- 감정을 반영할 때, 감정적 경험을 중심에 두고 있는가?
- 고객이 감정적으로 지연될 때, 여백을 허용하는가?

이야기는 데이터로 축적된다. AI가 데이터로 이야기를 다루는 동안에 간과되는 고객의 감정과 의미는 분석 후 코치가 되살려야 한다. 데이터를 다룬다는 것은 사람의 내면 구조를 언어로 다시 구성해주는 일이다. 마찬가지로 고객이 끌어안은 이야기를 내어놓았을 때 코치는 고객의 '심리적 동의'까지 고려해야 한다. 이야기 안에 숨은 불안이나 망설임이 감지되었다면 이야기의 데이터화를 멈추고 다시 묻는 용기를 가져야 한다.

코치가 들은 이야기가 추후 코칭에서 언급될 수 있는 이야기인지, 관계 안에서 괜찮은 것과 활용가능한 자원인 것은 다르다. 데이터는 코칭의 자산이기도 하지만, 고객의 정체성을 담는 그릇이기도 하다. 먼저 고객의 감정을 수용하고, 설명하고, 선택하게 하는 과정을 통해 윤리적 코칭이 가능하다.

05. 코칭에서 사용하는 데이터

AI 코칭에서의 데이터란 무엇인가?

AI 기반 코칭에서 '데이터'가 어떤 의미로 작동하며, 어떤 유형으로 나뉘고, 코칭 대화와 실행 설계에 어떻게 연결되는가. 코칭형 데이터는 실행, 감정, 언어, 리듬의 흐름을 포착한 정성·정량·패턴·행동·메타 데이터로 구성된다. 코칭에서 데이터는 질문을 설계하는 감각적 단서다. 코치에게 데이터란, '감정과 실행의 흔적을 해석하는 새로운 언어'다. 디지털코칭에서 데이터는 고객의 감정 흐름, 언어 습관, 실행 행동, 인지 패턴을 기록하고 분석하는 새로운 실천 자원이다.

코칭형 데이터란 무엇인가?

코치에게 데이터는 "어떤 질문이 지금 필요한가"를 감지하게 하는 맥락 센서이다. AI 코칭 환경에서 활용되는 데이터는 다음과 같은 특징을 가진다.

- 반복성: 감정, 언어, 실행이 시간 흐름 속에서 축적됨
- 관계성: 특정 자극이나 주제에 따라 감정/행동이 변화함
- 해석 가능성: 단지 측정이 아닌, 의미 구성의 기초가 됨
- 자기 인식 단서: 고객 스스로 인지하지 못한 내적경향을 드러냄

코칭에서 활용되는 데이터 유형

데이터는 다음의 다섯 가지 유형으로 나뉜다.

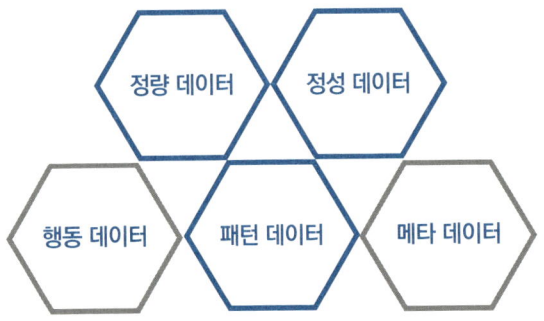

① 정량 데이터: 실행률, 반응 시간, 감정 빈도, 질문 응답률 등
  → 고객의 '패턴'을 수치로 추적
② 정성 데이터: 고객의 자유 응답, 감정 저널, 언어 표현
  → 의미 구성의 뉘앙스를 감지할 수 있는 핵심 자원

③ 행동 데이터: 클릭, 열람, 리마인더 응답 여부, 실행 체크
  → 실행과 비실행의 리듬을 포착
④ 패턴 데이터: 주제별 감정 반복, 특정단어 조합, 실행 실패 시기
  → 시간 축을 따라 고객의 내적 구조를 드러냄
⑤ 메타 데이터: 세션 간 간격, 감정 변화 폭, 회복 속도
  → 고객의 리듬과 회복 탄력성을 파악

데이터는 질문을 유도하는 도구이다

실행이 저조한 고객과의 코칭은, "그 실행이 어떤 의미였는지 다시 묻고 싶어요."라는 반응으로 진행할 수 있다. 또한 감정 키워드가 '불안-혼란-불안-혼란'으로 반복된다면 "이 주기에서 벗어나지 못하게 하는 감정이 있다면 무엇일까요?"라는 질문이 제기된다. 데이터는 질문을 설계하기 위한 탐색 지도다. AI 코칭에서 데이터를 다룬다는 것은, 기술을 통해 고객을 분석한다는 의미가 아니다. 그보다는 고객이 남긴 감정과 실행의 흔적을 다시 고객에게 되돌려주는 코칭적 거울을 구성하는 일이다. 이를 통해 고객은 반복되는 감정과 실행 흐름, 즉 '데이터'에 내재된 자기 패턴에서 낯섦을 보게 된다. 이 낯섦은 자기 인식을 흔들고, 그 순간 새로운 질문이 연결된다. "왜 나는 이 흐름을 반복하는가?"라는 질문을 스스로 던지게 되면서, 이는 곧 변화의 실마리가 된다.

데이터 기반 코칭: 맞춤형 변화의 객관적 기반

데이터 기반 코칭은 코칭의 직관적 요소에 정량적 근거를 더해, 고객의 변화 과정을 보다 체계적이고 신뢰성 있게 지원하는 방식이다. 이 접근법은 설문, 인터뷰, 성과, 행동패턴 등 다양한 데이터를 기반으로 분석하고, 그 결과를 바탕으로 개인화된 코칭 전략을 수립하며, 진행 상황을 지속적으로 모니터링하는 특징을 지닌다.

데이터 수집: 변화의 출발점

데이터 기반 코칭의 시작은 객관적인 데이터 수집이다. 고객의 성향, 가치관, 강점과 약점을 파악하기 위해 설문조사, 심리진단, 일대일 인터뷰 등의 도구가 활용된다. 동시에 KPI, 피드백, 리뷰 등의 성과 지표와 고객의 일상적인 행동 데이터(예: 업무 시간, 반복되는 습관 등) 역시 중요한 정보로 수집된다. 이 과정은 고객의 현재 상태를 입체적으로 이해하는 기반이 된다. AI의 정확한 지원을 위해서는 고객의 감정 반응, 스트레스 요인, 동기 유발 조건, 학습 선호 스타일 등의 정성적 정보도 함께 수집될 필요가 있다. 특히 대화 중 언어 선택이나 망설임, 감정 표현 방식 등 비정형 데이터는 고객의 내면 상태를 더 정밀하게 파악하는 좋은 데이터이다.

데이터 분석: 패턴을 통한 이해와 진단

수집된 데이터를 분석함으로써 고객의 행동 경향, 반복되는 성과 패턴, 스트레스 반응 양상 등을 파악할 수 있다. 이를 통해 고객이 직면한 문제의 구조적 원인을 진단할 수 있으며, 동시에 어떤 영역에서 강점을 발휘하고 있는지도 분명히 확인할 수 있다. 이는 코칭이 '느낌'이 아닌 '근거'를 기반으로 설계되는 지점을 보여준다.

맞춤형 전략 설계: 개인화된 변화 설계도

분석된 데이터로 고객의 목표를 더 구체적이고 측정 가능하게 설정하며, 개인화된 코칭 계획을 수립하는 과정에서 코치는 고객의 성향과 특성에 적합한 방식으로 전략을 수립하는지, 그 실행 과정을 모니터링할 수 있는지 질문할 수 있다. 이는 코칭이 단발성 조언이 아니라 점진적인 조율과 설계를 포함하는 과정임을 의미한다.

피드백 제공: 실시간 조율과 성과 확인

데이터는 고객에게 실시간 피드백을 제공할 수 있는 중요한 근거가 된다. 특히 시각화 도구를 활용하면 고객은 자신의 변화 흐름을 직관적으로 이해할 수 있으며, 이를 통해 자신의 위치와 진행 방향을 명확히 인식하게 된다. 성과에 대한 데이터 기반 평가를 통해 고객은 자신이 어느 지점에 와 있는지, 무엇이 더 필요한지를 구체적으로 확인할 수 있다.

데이터 기반 코칭의 핵심 이점

데이터 기반 코칭 방식은 코칭의 객관성을 강화하며, 코치와 고객 모두가 명확한 근거 위에서 소통할 수 있게 만든다. 고객 고유의 특성에 기반을 둔 자료들을 활용할 수 있어서 개인화된 코칭이 가능해지고, 실시간 피드백을 통해 변화에 빠르게 대응할 수 있으며, 변화 과정을 지속적으로 개선할 수 있는 구조를 갖춘다. 특히 고객이 데이터를 통해 자신의 구체적인 니즈와 변화과정을 체감할 수 있을 때, 코칭의 몰입도와 지속 가능성은 훨씬 높아진다.

도전 과제와 향후 과제

물론 데이터 기반 코칭에는 몇 가지 도전 과제도 존재한다. 대표적으로는 고객 데이터의 접근성과 품질, 분석의 복잡성, 개인 정보 보호 문제 등이 있으며, 코치가 이러한 문제를 다룰 수 있는 기술 역량과 윤리적 기준을 갖추는 것이 필수적이다. 또한 분석 도구와 코칭 실무를 통합하는 역량 역시 중요한 준비 과제다. AI가 직접 코칭을 하는 기업형 AI 에이전트 협업과 별개로, 독립 코치들이 생성형 AI 기반에서 AI-트윈 모델을 통하여 데이터 기반 코칭으로 접근하는 것은 가능하다. 2025년 7월에 발표된 ChatGPT 5o에서는 AI 에이전트 접근이 일반인에게도 쉬워질 가능성을 제시하지만 아직도 1회 질문-1회 응답의 체제는 유용하게 사용할 수 있는 구조이다. 에이전트형 AI 보급이 확장되면 그에 따른 지침 설계도 확장되고 자동화되어야 하는 과제를 안고 있다.

고객의 성향 패턴 이해와 코칭 적용의 효과

데이터 기반 코칭의 실질적인 성과는 고객의 성향 패턴을 얼마나 정확히 이해하고, 코칭 전략에 어떻게 반영하느냐에 달려 있다. 고객의 성향을 이해하는 작업은 단순한 성격 분류가 아니라, 고객의 내적 동기, 의사소통 방식, 문제 접근 태도, 스트레스 반응 양상 등 코칭 대화 전반에 걸친 상호작용을 결정짓는 핵심 기반이 된다.

고객의 성향 패턴을 이해한 코칭은 코칭 흐름과 상호작용의 질을 높인다. 고객은 자신의 특성이 존중받음을 느끼며, 이는 신뢰와 몰입을 강화한다. 반복되는 행동 패턴의 인식, 의사결정의 논리, 감정 반응의 방식 등을 세심하게 다룰 수 있어서 코칭의 깊이가 더해진다. 코치는 고객이 무엇에 민감하게 반응하고, 어떤 방식으로 의미를 구성하는지 미리 이해하고 접근할 수 있으므로, 관계 형성과 성과 도출 모두에 긍정적인 영향을 미친다.

성향 패턴을 알고 코칭할 때의 이점

성향 데이터를 활용하면 고객이 보통 인식하지 못하던 무의식적 반응까지 조명할 수 있어서, 회피하거나 왜곡된 인식을 바로잡는데 효과적이다. 또한, 세션의 흐름을 고객의 리듬에 맞춰 설계함으로써 자연스러운 전환과 통찰이 가능하다. 감정 조절, 스트레스 해소, 갈등 대응 등 고난도 주제를 다룰 때에도 성향 정보는 안정감을 높이고 방어적 태도를 줄인다. 빠르게 라포를 형성하고 신뢰를 구축하는데 강력한 촉진제가 되며, 코칭은 정밀하고 효과적인 방향으로 설계될 수 있다.

1) 고객에게 개인화된 코칭 전략을 제공할 수 있다. 내향적인 고객에게는 깊은 자기성찰 기반의 목표 설정을, 외향적인 고객에게는 협업과 대외활동 중심의 전략을 권유할 수 있다. 이러한 성향별 맞춤 전략은 고객의 자연스러운 행동 경로에 부합하여 코칭 개입의 저항을 낮추고, 변화에 대한 몰입도를 높인다.
2) 성향에 따른 동기부여 방식도 차별화할 수 있다. 성취 지향적인 고객에게는 구체적인 목표 달성 과정을 강조하고, 관계 중심적인 고객에게는 타인과의 연결 및 협력 경험을 동기로 활용한다.

3) 의사소통 측면에서도 고객 성향은 중요한 기준이 된다. 분석적인 고객은 데이터와 구조화된 설명에 반응하고, 직관적인 고객은 가능성과 이미지 중심의 메시지에 더 공감한다.
4) 문제 해결 관점에서도 고객의 성향을 고려한 접근은 효과를 높인다. 체계적인 접근을 선호하는 고객에게는 단계적 분석을, 창의적인 해결을 선호하는 고객에게는 유연한 브레인스토밍 환경을 제공함으로써 스트레스를 최소화하고 문제 해결 효율을 높일 수 있다.

성향 패턴을 모를 경우 발생하는 어려움

반면, 고객의 성향을 충분히 파악하지 못한 상태에서 코칭을 진행하면 여러 가지 어려움이 발생한다. 가장 큰 문제는 보편적이거나 일반화된 접근법을 사용할 수밖에 없다는 점이다. 이는 고객의 구체적인 요구나 기대와 맞지 않아 코칭 개입의 효과성을 떨어뜨릴 수 있다. 성향을 모르는 상황에서 코칭을 진행하면 고객 반응을 해석하는데 시간이 오래 걸리고, 잘못된 추측으로 신뢰를 잃을 수 있다. 고객의 표현 방식과 실제 의도를 일치시키지 못하면 공감보다는 어긋난 피드백이 반복될 가능성도 높다. 특히 변화를 유도해야 할 시점에 고객의 내적 저항을 미리 파악하지 못하면, 적절한 개입 타이밍을 놓치게 되어 코칭의 흐름이 단절되거나 성장이 지체될 수 있다. 이는 고객에게 코칭이 불편하거나 비효율적으로 느껴지게 만들며, 조기 이탈로 이어질 위험도 존재한다.

소통의 방향성이 어긋날 가능성도 높아진다. 예를 들어 감정적 지지가 필요한 고객에게 너무 분석적인 설명을 제공하거나, 논리 중심의 고객에게 추상적인 비유만 제시하면 오히려 혼란을 유발할 수 있다. 이는 코치에 대한 신뢰 저하로 이어질 수 있다.

성향을 모르고 진행하는 코칭은 문제 해결에서도 어려움을 겪게 된다. 고객이 긴장하거나 회피하는 주제를 미리 예측하지 못하면, 세션 중에 불필요한 저항이 발생하거나, 주제를 효과적으로 이끌어내지 못하므로 정체되는 상황이 생길 수 있다. 특히 스트레스 상황에서의 반응은 성향에 따라 크게 달라지므로, 이를 이해하지 못한 채 제공되는 개입은 부적절하거나 역효과를 낳을 수 있다.

성향 기반 코칭에서의 전략적 질문카드(예시)

고객의 성향 패턴을 기반으로 코칭을 설계하면, 더 정교하고 전략적인 개입이 가능하다. 성향 패턴별 질문카드는 다음과 같이 정리할 수 있다.

1) 분석형 고객
- 특징: 논리적, 구조 지향, 정보 민감, 감정보다는 사실과 근거

중심
- 주의점: 비유적 표현이나 추상적 질문은 혼란을 줄 수 있음
- 코칭포인트: 사고 구조를 명확히 드러내고, 판단 기준과 의사결정 근거를 질문하며 탐색
  - "이 상황을 판단할 때 어떤 기준을 적용하고 계신가요?"
  - "지금까지 시도한 방식 가운데 가장 효과적이었던 것은 무엇인가요?"
  - "결정을 내리기 전에 어떤 정보가 더 필요하다고 느끼시나요?"
  - "중요하다고 여기는 논리적 근거는 무엇인가요?"
  - "과거에 유사한 문제를 해결했던 프로세스를 떠올려보면 어떤 흐름이 있었나요?"

2) 관계형 고객
- 특징: 감정 중심, 타인과의 연결 중시, 공감능력 강함, 관계의 질이 동기부여에 결정적
- 주의점: 과도한 자기희생 경향이나 갈등 회피 성향을 내포할 수 있음
- 코칭포인트: 감정의 흐름을 따라가며, 자신의 욕구를 인식하고 표현하도록 함
  - "이 결정이 당신과 중요한 사람들 간의 관계에 어떤 영향을 줄까요?"
  - "요즘 가장 신경 쓰이는 사람은 누구이며 왜 그럴까요?"

- "상대방에게 전하고 싶지만 아직 표현하지 못한 감정이 있다면 무엇인가요?"
- "스스로를 배려한 선택을 최근에 해본 적이 있다면, 어떤 경험이었나요?"
- "지금 내가 느끼는 감정을 한 단어로 표현한다면 무엇일까요?"

3) 실행형 고객
- 특징: 행동중심, 결과 지향, 추진력 강함, 실천과 변화 욕구가 큼
- 주의점: 성급하거나 방향성이 불명확한 경우 성과와 연결되지 않음. 내면 탐색을 간과할 수 있음
- 코칭포인트: 행동의 방향성을 점검하고, 지속가능한 실행전략을 설계하도록 지원
    - "이 아이디어를 실현하기 위해 가장 먼저 할 수 있는 일은 무엇인가요?"
    - "지금 추진 중인 일의 목적과 기대성과는 무엇인가요?"
    - "반복되는 시도가 있다면, 잘 작동하지 않은 이유는 무엇인가요?"
    - "지금 하지 않으면 후회할 것 같다고 느낀 건 어떤 건가요?"
    - "작은 성공을 만들어낸 최근 행동은 어떤 거였나요?"

고객의 관계 패턴 이해와 코칭 적용

데이터 기반 코칭에서 고객의 관계 패턴을 이해하고 이를 전략적으로 반영하는 일은 코칭의 정밀도와 실제 효과를 결정짓는 핵심 요소 가운데 하나다. 관계 패턴이란 고객이 타인과의 상호작용에서 보이는 일관된 태도, 반응 양식, 신뢰 형성 방식, 갈등 대응 방식 등을 의미하며, 코칭의 주요 이슈에서 행동 변화 전략을 설계할 때 중요한 단서가 된다. 고객이 말로 설명하는 일회성 정보는 고객의 평판 관리나 코치에 대한 의전성 표현이 들어 있을 가능성이 높지만 데이터에 기반을 둔 패턴 인식이 정보로 제공되는 경우 코칭 흐름은 훨씬 순조로워진다.

관계 패턴을 알고 코칭할 때의 장점

맞춤형 소통 및 상호작용 전략 수립이 가능하다

고객의 관계 패턴을 이해하면, 코치는 고객에게 적합한 소통 방식과 피드백 전략을 설계할 수 있다. 외향적이고 표현 중심적인 고객에게는 자유로운 대화 환경과 네트워킹 기회를 통해 성장 자극을 줄 수 있으며, 내향적 고객에게는 사적이고 심층적인 일대일 대화 구조가 더 효과적이다. 피드백을 제공할 때에도 고객의 선호에 맞는 접근이 필요하다. 직설적인 피드백을 선호하는 고객에게는 명확하고 간결한 메시지가 효과적이며, 부드러운 접근을 선호하는 고객에게는 감정을 고려한 신중한 표현이 더 수용된다. 이러한 차이를 인식하고 조정함으로써 코칭의 수용성과 정서적 안정감이 높아진다.

관계 구축 및 유지 능력 향상에 기여한다

고객의 관계 패턴에 따라 적합한 관계 구축 전략을 제안함으로써 고객은 실생활에서 더 효과적인 관계를 형성하고 유지할 수 있게 된다. 예컨대 협력과 팀워크를 중시하는 고객에게는 팀 내에서의 명확한 역할 설정과 피드백 루틴을 제안할 수 있으며, 혼자 일하는 것을 선호하는 고객에게는 독립성과 타인과의 거리 유지 전략을 균형 있게 설계할 수 있다.

관계 유지 측면에서도, 고객의 갈등 회피 경향이나 직면 경향을 파악하여 적절한 조언을 제공할 수 있다. 갈등을 회피하는 고객에게는 점진적 대면 전략을, 직접적으로 표현하는 고객에게는 협상 기술이나 경청 스킬 강화를 제안하는 것이 효과적이다.

팀과 조직 내 성과 향상에 직결된다

관계 패턴은 고객이 팀 내에서 어떤 역할을 수행하고, 동료와 어떤 방식으로 협력하는지를 예측할 수 있게 한다. 이를 통해 팀 다이내믹을 이해하고 조정할 수 있으며, 조직 내 관계 기반의 성과 향상을 유도할 수 있다. 특히 리더의 경우, 자신의 관계 패턴을 인식하고 개선함으로써 팀원과의 신뢰 구축, 동기부여, 갈등 관리 등 리더십 스킬을 강화할 수 있다. 예를 들어, 권위적이거나 폐쇄적인 관계 패턴을 가진 리더는 피드백 수용성과 정서적 개방성을 강화하는 전략을 통해 더 유연한 리더십을 형성할 수 있다.

관계 패턴을 모를 경우 발생하는 어려움

비효율적인 커뮤니케이션의 위험이 있다

코치가 고객의 관계 패턴을 모를 경우, 일관성 없는 소통 방식으로 인해 코칭 효과가 저하될 수 있다. 간접적 소통을 선호하는 고객에게 직설적인 언어를 사용하거나, 감정 기반 지지가 필요한 고객에게 지나치게 분석적인 언어를 사용할 경우, 고객은 거부감이나 위축을 느낄 수 있다. 이러한 소통 불일치는 신뢰 관계를 약화시키고, 고객이 자신의 감정을 표현하거나 진짜 고민을 드러내는 데 장벽이 될 수 있다. 특히 장기 코칭 관계에서는 이로 인해 세션의 깊이가 얕아지고, 변화 동력이 약화되는 문제가 발생할 수 있다.

관계 문제 해결에 한계가 생긴다

고객이 직면한 관계 문제를 해결하기 위해서는 그 고객이 평소에 관계를 어떻게 맺고 유지하는지를 이해해야 한다. 그러나 이러한 관계 패턴에 대한 정보 없이 단순히 일반적인 갈등 해결 전략이나 조언만 제공할 경우, 고객의 실제 상황과 맞지 않아 실효성이 떨어질 수 있다. 예를 들어, 타인의 반응에 민감한 고객에게 직면 전략만을 반복 제안하면 오히려 상황을 악화시킬 수 있다. 고객이 관계를 형성하고 유지하는 데 필요한 자기 인식 수준이나 감정 조절 능력도 성향에 따라 매우 다르므로, 이를 고려하지 않은 조언은 오히려 고객의 자존감을 저하시킬 수 있다.

팀 및 조직 내 성과 지원의 한계가 발생한다

특히 조직 코칭이나 리더십 코칭에서는 고객의 관계 패턴을 파악하지 못하면, 팀 내 협업 이슈나 리더십 발휘 영역에서 실질적인 도움이 되기 어렵다. 관계 중심적 리더가 지나치게 감정적 피드백에 집중하는 문제나, 과도하게 독립적인 직원이 협업에 어려움을 겪는 상황을 파악하지 못하면, 전략 제안이 표면적이고 일반적인 수준에 머물 수밖에 없다. 또한, 조직 내 중요한 이해관계자와의 신뢰 형성 전략을 제대로 설계하지 못하면, 고객의 조직 내 영향력 강화나 성과 창출에 걸림돌이 될 수 있다.

관계 패턴 기반 코칭의 전략적 필요성

관계 패턴은 코칭에서 종종 간과되기 쉬운 영역이지만, 실질적인 성과와 지속적인 행동 변화에 직결되는 중요한 기반이다. 고객이 누구와 어떻게 관계를 맺고, 어떤 방식으로 신뢰를 형성하며, 갈등이나 협업을 어떻게 조정하는지를 정확히 이해할 때, 코치는 더욱 정교하고 지속 가능한 개입 전략을 설계할 수 있다. 반대로 이러한 관계 패턴을 무시하거나 충분히 파악하지 못하면, 코칭의 방향성이 흐려지고, 고객의 반응도나 몰입도가 낮아질 수 있다. 따라서 코치는 고객의 관계적 성향을 사전에 탐색하고, 코칭의 설계와 운영 전반에 이를 반영해야 한다. 특히 팀 및 조직 코칭에서는 관계 정보를 전략적으로 활용할 수 있다. 다양한 개성을 지닌 개인들의 상호작용이나, 관계가 복잡하게 얽히는 여건이 형성되는 접점에서 조정 작업을 할 때, 드러나는 정서반응, 의사소통 방식, 갈등을 다루는 패턴에 기반을 두면 서로 이해할 수 있는 영역이 확장되곤 한다.

관계 품질 향상을 위한 자기 성찰과 기대 관리

관계는 기술로 유지되지 않는다. 코치의 존재 방식과 감정 리듬에 대한 자기 성찰이 필요하다. 고객과의 반응 속도, 언어 톤, 응답 방식은 모두 관계 신뢰에 영향을 미친다. 코치는 고객의 기대를 구조화하고,

감정적 거리감을 지속적으로 조율할 수 있어야 한다. 관계는 감정에 의해 유지된다. 고객이 "이 관계는 진짜다."라고 느끼기 위해서는 코치가 기술적 전문성만큼이나 정서적 민감성과 관계적 태도에 대한 자기 성찰을 지속해야 한다. 관계는 맺는 것이 아니라 '꾸준히 돌보는 것'이라는 관점이 더욱 중요해진다.

관계 품질을 위한 코치의 자기 성찰 질문

코치는 관계가 느슨해지거나, 고객의 몰입이 떨어질 때 그 원인을 고객에게서만 찾기보다 먼저 자신의 감정 리듬과 반응 방식을 되돌아보는 훈련이 필요하다. 성찰은 기술 중심 환경 속에서 인간 관계의 품위를 지키기 위한 점검 루틴이다. 코치는 자신의 말투, 표정, 몸의 긴장감까지 감지하며, 관계 안에서 어떤 신호를 보내고 있었는지 관찰할 수 있어야 한다. 감정은 관계의 첫 번째 언어이며, 코치의 미세한 반응 하나가 고객의 열림 또는 닫힘을 결정짓기도 한다. 신뢰는 말보다 태도에서 먼저 드러난다.

자기 성찰 질문은 다음과 같이 제시될 수 있다.

- "최근 고객의 감정에 내가 얼마나 민감하게 반응했는가?"
- "나는 언제 피상적인 질문으로 감정을 회피했는가?"
- "고객과의 신뢰 형성을 위해 어떤 시도를 했는가?"

기대 관리: 관계 유지를 위한 예측 가능성 설계

관계의 질은 기대와 현실의 일치 정도에 따라 결정된다. "언제, 어떻게 반응해줄 것인가?"에 대한 고객의 기대가 모호하게 흘러갈 경우 관계 피로와 실망감이 쌓일 수 있다. 이럴 때 구조화는 고객이 관계에 대해 과도한 기대나 막연한 실망을 갖지 않도록 조율하는 장치로 작동한다.

예측 가능성은 신뢰형성의 기초이다. 예측 가능성은 사전준비 과정과 현장대처 과정으로 나눠 살펴볼 수 있다. 고객의 성향 정보를 사전에 공유한 경우, 관계와 개입의 예측 가능성을 사전에 파악할 수 있다. 고객의 반응 양상, 의사소통 선호방식, 스트레스 방어기제 등은 반복적 패턴을 가지므로 특히 구조화하기 적합한 정보가 된다. 현장대처에서 고객에게 궁금한 점이 생기면 언제든지 메시지를 보내도 된다고 말하게 되면 고객은 이를 그대로 받아들이고 즉각적인 응답을 기대하게 된다. 이렇게 되면, 코치는 원치 않는 압박을 받게 되고, 고객은 반응 지연에 대해 실망하거나 거리감을 느낄 수 있다.

따라서 코치는 초반에 코칭의 경계와 기대 범위를 구체적으로 안내해야 하며, 중간중간 관계 리듬을 점검하고 재합의 하는 과정을 거쳐야 한다. 이 같은 합의는 단순한 약속의 문제가 아니라, 코칭 관계를 안정적으로 유지하는 심리적 안전망이 된다. 구조화된 기대관리는 '예측가능한 흐름'을 통해 심리적 안정감을 제공하고, 코칭의 몰입도를 높이며, 관계의 신뢰도를 지속해서 강화하는 핵심 설계 요소가 된다.

관계 회복을 위한 감정적 민감성

관계는 조용히 멀어질 수 있다. 고객의 반응이 느려지거나, 감정 표현이 얇아졌을 때 코치는 무심하게 대처하거나 나아지길 기다리는 대신, 관계를 위한 작은 문을 다시 열어야 한다. 이럴 때 시도하는 대화는 관계 회복의 주도권을 코치가 지닌다는 윤리적 책임을 보여주는 신호이기도 하다.

관계는 기술적으로 닫히는 것이 아니라, 감정적으로 열리지 않는 부분에서 멀어진다. 그렇기에 코치는 지속적으로 자신의 행동방식, 감정의 반응 예측, 관계적 리듬을 예측하며, 그 위에 코칭을 올려놓아야 한다.

- "요즘 감정 표현이 전보다 조심스러워지신 것 같아요. 혹시 관계 흐름에 대해 다시 확인하고 싶은 부분이 있을까요?"
- "이 공간이 여전히 안전하다고 느껴지시나요?"

고객의 행동 패턴 이해와 코칭 적용

데이터 기반 코칭에서 고객의 행동 패턴을 이해하는 것은 변화 가능성을 예측하고, 그에 맞춘 전략적 개입을 설계하기 위한 중요한 출발점이다. 행동 패턴은 고객이 일상에서 반복적으로 보이는 행동 양상과 특정 상황에서 보이는 반응 경향성을 의미하며, 이는 고객의 심리적 기제, 신념 체계, 감정 조절 능력 등과 밀접하게 연결되어 있다. 코치는 이러한 행동 패턴을 파악하고 이를 바탕으로 코칭 전략을 맞춤화함으로써, 더 효과적이고 지속 가능한 변화를 이끌어낼 수 있다.

고객의 행동 패턴을 알아차리는 방법

관찰과 기록을 통해 반복적 행동을 인식한다

코치는 코칭 세션 중 고객의 언행, 표정, 반응 속도, 언어의 일관성 등을 주의 깊게 관찰하고, 이러한 표현들 속에 반복해서 나타나는 행동 경향을 기록한다. 또한 고객에게 행동 일기를 작성하게 하여 일상 속 행동 변화를 스스로 인식하게 하고, 코치는 그 기록을 통해 맥락적 분석을 수행할 수 있다. 행동일기는 디지털 트윈의 활용으로 대체될 수 있다.

다양한 평가 도구를 활용하여 데이터 기반으로 분석한다

행동 특성을 더 정량적으로 파악하기 위해 성격 유형 검사(MBTI, Big Five), 스트레스 반응 체크리스트, 감정조절 척도 등 검증된 평가 도구를 활용할 수 있다. 이와 함께, 고객을 잘 아는 주변 인물(상사, 동료,

가족 등)로부터 피드백을 수집함으로써, 고객의 행동이 타인에게 어떻게 인식되고 있는지를 객관적으로 파악할 수 있다.

개방형 대화와 심층 인터뷰로 행동의 내면적 배경을 탐색한다

고객이 자기 행동을 스스로 인식하고 설명할 수 있도록 개방형 질문을 던지며, 고객의 행동에 영향을 준 사건, 감정, 신념 등을 언어화하도록 돕는다. 더 깊이 있는 탐색이 필요할 경우, 구조화된 심층인터뷰를 통해 행동의 원인과 반복 맥락을 도출할 수 있다.

상황별 반응을 시뮬레이션하며 대응 패턴을 분석한다

가상의 시나리오나 롤플레이 상황을 설정하고, 고객이 어떤 선택과 반응을 보이는지 관찰함으로써 행동 패턴을 더 역동적으로 이해할 수 있다. 실제 변화 상황에서 고객의 자동 반응을 예측하고 사전 개입 전략을 구성하는 데 유용하다. 장기 코칭의 경우나 팀코칭과 같이 장시간 함께 코칭 과정에 들어와 있는 경우에 적용가능하다.

행동 패턴을 알고 코칭에 적용했을 때의 장점

개인화된 전략 수립이 가능하다

고객의 행동 패턴을 이해하면, 그에 맞는 언어, 과제 설계, 피드백 방식을 사용할 수 있다. 예를 들어 즉각적 실행을 선호하는 고객에게는 행동 중심의 실험 과제를, 신중하고 분석적인 고객에게는 충분한 사고 시간을 반영한 계획 수립 과제를 제안할 수 있다.

실질적인 문제 해결 역량을 강화할 수 있다

행동 패턴은 문제 상황에서 고객이 보이는 자동적 반응과 전략을 보여준다. 이를 통해 단순한 조언을 넘어서 구체적이고 실행 가능한 솔루션을 제시할 수 있으며, 고객이 상황을 재구성하여 새로운 반응을 실험해볼 수 있도록 유도할 수 있다.

신뢰를 바탕으로 관계의 깊이를 형성할 수 있다

코치가 고객의 행동 패턴을 존중하고 그 이면의 맥락(두려움, 과거 경험, 성공의 기억 등)을 이해하려 할 때, 고객은 자신이 수용되고 이해받고 있다고 느낀다. 이러한 공감적 태도는 고객과의 신뢰 관계를 깊게 하고, 코칭 세션에서 감정적 안전감을 높이며, 더 과감한 변화 시도에 대한 심리적 준비를 가능하게 한다.

행동 패턴을 모르는 경우의 어려움

비효율적인 개입으로 코칭의 효과가 저하된다

행동 패턴을 파악하지 못하면 고객에게 맞지 않는 일반적인 전략을 반복적으로 사용하거나 무심결에 회피 영역을 강조하게 된다. 이는 고객의 몰입도와 실행력을 떨어뜨릴 수 있으며, '코칭이 나와 맞지 않는다'라는 인식을 줄 수 있다.

문제 해결이 피상적 수준에 머무른다

행동의 반복 뒤에 숨겨진 감정적 방아쇠trigger나 심리적 저항 요인을 파악하지 못하면, 문제의 근본 원인을 진단할 수 없다. 이는 문제를 일시적으로 해결하는 데는 도움이 되더라도, 유사 상황이 반복될 때 동일한 문제에 다시 부딪히는 결과를 초래할 수 있다.

신뢰 관계 형성과 유지에 어려움을 겪는다

고객은 자신의 행동이 오해되거나 단순하게 판단된다고 느낄 경우 방어적으로 반응할 수 있다. 특히 반복적으로 지적을 받거나 '바뀌어야 할 존재'로만 규정될 경우, 코칭 과정에 대한 심리적 저항이 생기고, 신뢰와 몰입이 약화된다.

행동 패턴은 코칭 전략 설계의 기반이다

고객의 행동 패턴을 파악하는 일은 단지 행동을 수정하는 차원을 넘어, 그 사람의 정체성, 과거 경험, 가치 체계와 연결된 심층적 이해를 전제로 한다. 코치는 이를 바탕으로 고객의 자연스러운 리듬을 존중하면서도 변화 가능성을 현실적으로 이끌어내는 전략을 설계해야 한다.

행동 패턴에 대한 충분한 이해 없이 코칭을 진행하는 것은 마치 지도를 보지 않고 길을 안내하는 것과 같다. 따라서 코칭 초반부터 행동 패턴에 대한 데이터를 축적하고, 이를 대화와 실험을 통해 점진적으로 조율하는 과정은 매우 중요하다. 궁극적으로 행동 패턴 기반의 코칭은 고객이 더 나은 선택을 할 수 있도록 도우며, 자기 인식과 자기 효능감을 동시에 증진시키는 데 기여한다.

데이터 기반 코칭의 3대 패턴 요약 및 통합 전략

데이터 기반 코칭에서는 고객을 더 깊이 이해하고, 개인화된 전략을 설계하기 위해 세 가지 핵심 데이터 그룹, 즉 성향 패턴, 관계 패턴, 행동 패턴을 중심으로 정보를 수집하고 분석한다. 이 세 가지 패턴은 각각 독립적으로도 의미가 있지만, 상호 연계되어 작용할 때 더욱 강력한 통찰과 변화를 이끌어낼 수 있다. 코치는 이러한 데이터를 통합적으로 활용함으로써 고객의 성과, 관계, 변화 관리에 효과적으로 개입할 수 있다. 고객의 성향은 타고난 성격의 조합을 이뤄 관계 구조화와 행동 현장에 항상 관여하게 된다.

성향 패턴

성향 패턴은 고객의 고유한 성격, 기질, 가치관 등 비교적 안정적인 심리적 특성을 나타내며, 고객의 선택, 반응, 동기부여 방식에 장기적인 영향을 미친다. 성향은 선천적이거나 오랜 시간에 걸쳐 형성된 고객의 기본적 특질로, 일관된 행동 방식의 기초가 된다. 코치는 성향에 기반을 두고 고객이 스스로의 동기부여가 될 목표를 설정하는지 점검할 수 있다. 아울러 코칭 전략을 설계할 때에도 성향을 기반으로 고객이 중요하게 여기는 가치나 관심사를 자극하는 방식을 고려한다.

관계 패턴

관계 패턴은 고객이 타인과 상호작용하고 관계를 유지·조정하는 방식에 대한 정보로, 코칭을 통해 고객의 사회적 역량을 향상시키는 데 필수적인 요소이다. 관계는 가족, 친구, 동료 등 다양한 관계 내에서 나타나는 상호작용 스타일, 갈등 대응 방식, 협력 선호도의 집합이다. 코칭에서 고객의 주요 인간관계를 시각화하고 관계의 질과 영향력을 파악하는 것은 실행 계획 수립과 실행에 중요한 점검 요소가 된다. 관계 패턴을 기반으로 갈등 해결, 신뢰 회복, 팀워크 향상 등의 구체적 전략을 설계하도록 지원함으로써 고객은 상황별 관계 관리에 익숙해진다. 고객이 조직, 가정, 사회에서 적절히 관계를 조정하는 것은 고객의 다양한 이슈 해결에 크게 기여한다.

행동 패턴

행동 패턴은 고객이 실제 상황에서 보이는 구체적 행동 양식을 의미하며, 변화 가능성과 직접 연결되는 실천 영역이다. 행동은 일상 속에서 반복적으로 나타나는 고객의 반응, 선택, 실행 방식이며, 상황에 따른 변화를 동반하기도 한다. 고객이 기록한 일상 행동 데이터를 통해 반복되는 행동 양식을 스스로 인식하게 하거나, 관련 데이터 공유를 통해 코치가 분석할 수 있다. 특정 상황에서 보이는 행동의 원인과 결과를 분석하고 개선을 위한 논의를 이끌어 갈 수 있다. 목표 행동을 정의

하고 실험 과제, 루틴 변화 등을 통해 실질적인 행동 변화를 유도한다.

통합적 활용 전략

세 가지 패턴을 단일 정보로 취급하지 않고 통합적으로 해석함으로써, 고객의 다면적 특성을 더 정확하게 조망하고 전략을 정밀하게 조정할 수 있다.

데이터 통합과 분석

통합적 해석이란 성향, 관계, 행동 데이터를 통합하여 고객의 사고방식과 반응 유형, 대인관계 경향, 실행력까지 종합적으로 파악하는 것이다. 고객의 성향과 관계 및 행동 데이터에 기반한 통합 분석 보고서를 통해 객관적이고 포괄적인 진단을 제공하면 고객의 코칭 이슈에 행동패턴이 미치는 영향에 대해 직면하고 풀어갈 수 있게 된다.

맞춤형 코칭 계획 수립

다층적 목표 설계는 단일 목표가 아니라 성향·관계·행동 수준에 따라 세분화된 목표를 설계하고, 이들 간의 연계를 고려한 실행 경로를 수립하는 것이다. 각 패턴을 중심으로 세션을 설계하여, 성향 세션(자기

이해), 관계 세션(소통 및 신뢰 강화), 행동 세션(실천 실험)으로 구분하여 운영할 수 있다.

지속적 모니터링과 피드백 제공

고객의 실행 결과를 행동, 관계, 성향 수준에서 각각 모니터링하고, 통합 피드백을 통해 전략을 지속 조정하는 주기적 피드백 루프를 형성한다. 목표 달성 정도와 변화지표를 명확히 평가하고, 고객의 성장 경로를 데이터로 시각화하여 인식의 명료성을 높이는 성과 평가 체계화를 가능하게 한다.

성향, 관계, 행동 패턴은 단순한 데이터가 아니라 고객의 '내면-외부-실행'을 연결하는 삼중 구조이다. 성향은 고객의 내적 동기 구조를 이해하게 하고, 관계는 사회적 맥락에서의 상호작용 전략을 설계하게 하며, 행동은 구체적인 실행 가능성과 변화 추적을 가능하게 한다. 코치는 이 세 가지 데이터를 통합적으로 읽고, 이를 기반으로 세심하게 코칭 과정을 설계하고 실행함으로써, 고객의 성장 여성을 데이터 기반의 설계 가능한 변화로 이끌 수 있다. 데이터 기반 코칭이 정밀화될수록, 고객의 '변화 가능성'은 명확해지고, '변화 실행력'은 체계적으로 뒷받침될 수 있다.

경계 설정을 위한 3단계 협업 모델

AI와 코치 간의 협업을 실제 코칭 흐름 안에서 어떻게 단계별로 나누고 설계할 수 있는지를 살펴본다. AI는 준비하고 추적하고, 인간은 대화를 설계한다. AI 기술이 코칭의 흐름에 통합되면서, 이제 중요한 것은 누가 언제 어떤 역할을 맡고 어떻게 전환점을 설계할 것인가이다. 다음의 3단계 분업 모델은 AI와 코치의 역할을 자연스럽게 연결하면서도 각자의 고유성을 잃지 않도록 구조화한 방식이다.

- 1단계: AI가 준비하고 예측 보고서 작성
- 2단계: 코치가 대화 설계와 감정 조율
- 3단계: AI가 실행 추적과 변화 분석
  → 분업의 기준: "기계화할 수 없는 감각은 인간에게"

1단계에서는 AI가 준비하고 정리한다. 고객을 이해할 수 있는 성향 데이터를 기반으로 행동패턴을 분석하여 예측 보고서를 작성한다. 내재 성향을 그룹화하여 결합하는 분석으로 선호하는 영역을 예측한다. 패턴을 요약하고 반복되는 키워드를 정리한다. 고객의 흐름을 데이터 기반으로 정리하고, 코칭 공간을 만든다.

2단계에서는 코치가 대화를 설계한다. 예측 보고서가 드러내는 맥락을 해석하고 패턴의 의미를 고객과 공유한다. 코칭 현장에서 보이는 감정의 흐름과 실행 의미를 탐색한다. 고객이 해석을 '받는 존재'가 아니라 함께 구성하는 주체가 되도록 유도한다. 감정적 저항이 나타날 때 혹은 실행 실패의 심리적 이유를 고객과 함께 복기한다. 데이터를 고객의 내면 언어로 전환하는 코칭 대화 공간을 설계하는 것이 핵심이다.

3단계는 코치가 제공하는 현장 데이터를 추가하고 AI가 사후 추적을 이어 간다. 실행 리마인드와 일상을 연결하는 방안을 모색한다. 세션 이후의 흐름을 유지하는 '심리적 접속 유지 장치'로서 AI를 활용할 수도 있다.

이 모델의 핵심 기준은 기계화할 수 없는 감각은 인간에게, 자동화 가능한 구조는 기술에게 나누는 것이다. 고객이 심리적으로 "내가 여전히 누군가와 연결되어 있다."라고 느끼는 구조를 설계하고, 코치는 데이터를 해석하고 관계를 형성하며, AI는 흐름을 반복적으로 정리하고 연결하는 파트너로 기능한다. 이 구조를 통해 코치는 질문자가 아니라 관계 설계자이자, 기술-감정 흐름의 조율자로 재정의 된다.

데이터 기반 인식 채널의 이해와 실행 지침

데이터 기반 인식 채널은 고객의 성과, 행동, 인지 과정을 종합적으로 이해하기 위해 데이터 분석과 인지 과학의 원리를 통합하여 설계된 코칭 프레임워크이다. 이 채널은 코치가 고객의 변화와 학습을 더 정밀하게 추적하고, 개인화된 개입 전략을 실시간으로 조정함으로써 코칭의 효과성을 극대화할 수 있도록 한다. 사용되는 데이터는 고객의 성향이며, 행동 단위별로 조합하는 방식에서 사람들 모두에게 공통적용되는 성향과 개인특성 가중치를 참조하면 인식채널 진입이 가능하다고 본다.

데이터 수집을 통해 기초 자료를 확보한다

코칭 프로세스는 데이터 수집으로부터 출발한다. 고객의 상태, 진척 상황, 행동 특성을 다양한 방식으로 수집하며, 수집 대상은 정량 데이터와 정성 데이터 모두를 포함한다.

정량적 데이터는 고객의 목표 달성률, 행동 빈도, 세션 출석률, 시간 사용 패턴 등 수치 기반의 데이터를 포함한다. 설문지, 성과지표, 디지털 로그 등을 활용할 수 있다. 정성적 데이터는 세션 중 대화 내용, 고객의 감정 표현, 피드백, 자기보고 내용 등을 포함한다. 이는 구조화된 인터뷰, 개방형 질문지, 세션 녹음 및 메모를 통해 수집된다.

분석과 해석을 통해 데이터의 의미를 밝힌다

수집된 데이터는 분석을 통해 유의미한 성찰 자원으로 전환된다. 이때 코치는 인지 과학적 해석 프레임과 예측 분석 기법을 동시에 활용한다. 분석은 AI를 활용하지만 AI의 분석에 대한 기준은 코치가 제시한다. 해석은 코치 고유의 전문성에 근거한다. 분석 결과를 고객의 특성에 맞게 의미를 부여하고 성장 접점에서 어떻게 적용할지 논의한다.

예측 분석을 통해 고객의 행동 경향과 향후 도전 과제를 사전에 식별하고, 코칭의 선제적 개입이 가능하도록 설계하는 것이 중요하게 작용한다. 행동 분석에서는 언어적·비언어적 패턴, 정서 흐름, 의사결정 방식 등을 종합 분석하여 고객의 심층 구조를 파악한다.

맞춤형 코칭 전략을 수립한다

분석 결과를 바탕으로, 고객의 현재 상태와 목표에 부합하는 구체적 코칭 전략을 설계한다. 전략은 SMART 원칙에 기반하여 구체적이고 측정 가능하도록 구성한다.

목표 설정 단계에서는 고객의 성향, 관계, 행동 패턴을 고려하여 실행 가능하고 동기부여가 가능한 목표를 구체화한다. 개입 설계에서는 고객의 반응과 변화 속도에 따라 코칭 방식, 언어, 리듬, 과제의 난이도 등을 유연하게 조정한다.

실시간 피드백과 조정 메커니즘을 운영한다

세션 중 실시간으로 수집된 데이터는 AI-트윈을 통해 활용될 수 있다. 이를 통해 고객은 자신의 현재 상태를 인식하고, 코치는 코칭 계획을 실시간으로 조정하게 된다. 다만 코칭 세션 내에서 AI를 직접 활용하는 것은 고객의 선택에 의해서만 가능하다. 코칭 대화를 AI가 듣도록 할 것인가의 문제는 현재 민감한 영역에 속한다. 조직에서는 회의를

할 때 AI를 참여하게 해서 회의 종료 시점에 회의보고서가 작성되어 나오게 하는 방식을 활용하기도 하므로 점차 현장 적용에 대한 인식이 변화할 가능성이 있다.

노션 등을 활용하는 리뷰 시스템을 운영하여 고객이 자신의 트윈보고서를 공유하면 그 내용을 기초로 분석 결과와 피드백을 제공하고, 향후 계획에 반영하는 방법도 있다. 코칭에서는 고객의 변화 흐름에 따라 세션 목표, 접근 방식, 질문 유형을 조정한다.

성과를 주기적으로 평가한다

코칭 말기 또는 중간 리뷰 시점에 코칭 과정에서 수집된 데이터를 추가하여 목표 대비 성과를 평가하여, 다음 주기를 위한 전략 조정의 기준을 점검한다. 성과지표 비교에서는 고객이 설정한 목표 달성률, 행동 변화의 지속성, 기술 습득 수준들을 고객이 평가하도록 지원하고, 코치는 코칭 경험의 질, 라포 형성도 등의 데이터를 축적한다.

기술 도구를 통합하여 인식채널을 자동화한다

인식채널의 실용성과 효율성을 높이기 위해 코칭 도구, 플랫폼, 센서 등을 통합적으로 활용한다. AI 에이전트를 활용하는 코칭 플랫폼은 데이터 입력, 분석, 피드백, 리포팅 기능이 통합된 시스템을 말하며, 코치와 고객 모두에게 실시간 정보를 제공한다.

지속적인 개선을 통해 시스템을 고도화한다

데이터 기반 인식채널은 일회성으로 설계되는 것이 아니라, 지속적 분석과 코치의 전문성 향상을 통해 점진적으로 고도화된다. 데이터 기반 프로세스 개선을 통해 불필요한 개입은 줄이고, 효과적인 전략은 강화한다. 코칭 기법과 자료는 정기적으로 리뉴얼한다. 코치의 전문성 강화는 데이터 해석력, 인지과학 기반 코칭 역량, 기술 활용 능력 등의 측면에서 지속적으로 이뤄진다.

> ### 데이터 기반 AI-트윈 모델의 운영
>
> 1. **초기 진단을 실시한다**. 고객의 현재 위치를 명확히 파악하기 위해 정성·정량 데이터를 통합한 초기 진단을 수행한다.
> 2. **맞춤형 계획을 수립한다**. 진단 데이터를 기반으로 고객별 AI-트윈 활용 전략과 코칭 계획을 설정한다.
> 3. **정기적인 모니터링을 실시한다**. 매 세션 또는 정해진 주기에 따라 데이터 기반 모니터링과 진행 점검을 수행한다.
> 4. **고객 피드백을 순환 구조에 통합한다**. 고객의 자기보고 및 반응을 반영하여 코칭 전략을 유연하게 업데이트한다.
> 5. **성과를 종합 평가하고 다음 단계를 안내한다**. 코칭 종료 시점에서 성과를 데이터 중심으로 검토하고, 셀프 코칭 또는 후속 코칭

방향성을 제시한다.

데이터 기반 AI-트윈 모델은 코칭을 더 정밀하게 설계하고 운영할 수 있는 기반을 제공한다. 이는 단지 데이터를 수집하고 분석하는 것에 그치지 않고, 고객의 인지·정서·행동을 통합적으로 이해하여 코칭 개입의 정밀도를 높이는 데 결정적인 역할을 한다. 코치는 이 시스템을 통해 직관과 데이터의 균형을 유지하며, 고객의 변화 가능성을 명확하게 조망할 수 있다. 코칭의 미래는 데이터와 함께 진화하고 있으며, AI-트윈은 그 진화를 이끄는 핵심 도구이다.

관계 패턴: 관계맵 작성 및 활용

관계 패턴은 고객이 타인과 상호작용하고 관계를 맺는 일관된 방식과 정서적 구조를 의미한다. 이러한 패턴은 고객의 개인적 만족감과 직무 수행 능력에 중요한 영향을 미치므로, 관계를 시각적으로 구조화한 관계맵은 코칭 과정에서 유용한 진단 및 전략 도구로 활용된다. 관계맵은 고객이 어떤 인물들과 어떤 특성의 관계를 맺고 있는지 도식화하여, 복잡한 관계를 객관적으로 조망하고 코칭 개입의 방향을 정하는 데 도움을 준다.

관계맵 작성 방법

관계맵의 목적을 명확히 설정한다. 관계맵을 작성하는 목적을 코칭 목표에 맞게 명확히 한다. 예를 들어, 직장 내 팀워크 개선, 가족 간 갈등 해소, 사회적 네트워크 확장 등 고객이 변화시키고자 하는 관계 영역을 사전에 정의한다.

주요 인물을 식별하고 정리한다. 고객이 중요하게 여기는 인물을 우선적으로 식별한다. 대상은 가족, 친구, 동료, 상사, 멘토 등으로 다양할 수 있으며, 고객의 삶에서 정서적 또는 실질적 영향을 주는 인물을 중심으로 목록화한다. 각 인물의 역할과 고객에게 주는 영향력을 함께 평가한다.

관계의 유형과 특성을 분석한다. 관계를 개인적 관계(가족, 친구)와 직업적 관계(동료, 상사)로 구분하고, 각 관계의 강도(친밀도), 방향성(긍정/부정), 의존성 등을 평가한다. 이때 관계가 주기적으로 반복하는 갈등이나 의사소통 패턴도 함께 분석한다.

시각적으로 표현한다. 고객을 중심에 배치하고, 주요 인물을 원형 또는 계층 구조로 배치한다. 관계선은 색상, 선의 굵기, 점선 등의 표현 방식으로 관계의 특성을 나타낸다. 예를 들어, 친밀하고 지지적인 관계는 굵은 녹색 실선으로, 갈등이 있는 관계는 붉은색 점선으로 표현한다. 각 선에는 관계의 특징이나 감정 상태에 대한 간략한 설명을 덧붙인다.

관계맵 활용 전략

관계 패턴을 분석하고 문제를 진단한다. 작성된 관계맵을 통해 고객의 관계 형성 및 유지 방식의 전형적 패턴을 분석한다. 예를 들어, 특정 관계 유형에서 반복되는 갈등, 일방적 의존, 정서적 회피 등의 패턴을 도출할 수 있다. 관계마다 기대 역할과 실제 상호작용 간의 차이를 진단하여 코칭 개입 지점을 찾는다.

관계 개선 전략을 수립한다. 관계맵을 기반으로 우선적으로 개선이 필요한 관계를 선정하고, 그에 맞는 전략을 수립한다. 예컨대, 의사소통 단절 관계에 대해서는 '경청 훈련'과 '대화 루틴 만들기'를, 긴장된 관계에 대해서는 '관계 중립화' 또는 '경계 설정'을 제안할 수 있다. 갈등을 피하지 않고 대면할 수 있게 심리적 안전 기반도 함께 조성한다.

관계 강화를 위한 실천 계획을 설계한다. 고객이 중요하게 여기는 관계를 지속적으로 강화할 수 있도록 실천 계획을 세운다. 정기적 대화 시간 확보, 피드백 루틴 설정, 감정 표현 훈련 등을 통해 관계에 긍정적 에너지를 공급한다. 이 실천 계획은 관계맵을 주기적으로 업데이트하면서 조정된다.

조직 내 팀 관계에 확장 적용한다. 고객이 조직 내 리더나 팀원일 경우, 관계맵을 팀 단위로 확장하여 팀 다이내믹 분석에 활용할 수 있다. 리더의 경우, 구성원들과의 신뢰, 권한 위임, 동기 부여 방식이 관계선에 반영된다. 이를 통해 리더십의 맹점 또는 보완점을 시각화하고, 팀워크 향상을 위한 코칭 전략을 도출할 수 있다.

관계맵 사례 예시

사례 1: 직장 내 관계맵

1. 목적: 팀 리더의 팀워크 개선
2. 주요 인물: 팀원 A(긍정적 관계), 팀원 B(갈등 있음), 상사 C(중립적 관계)
3. 관계 표현 방식: 고객 중심에 두고 팀원 A는 굵은 녹색 실선으로 연결, 팀원 B는 붉은 점선으로 표시, 상사 C는 얇은 파란 실선으로 배치
4. 활용 전략: 팀원 B와의 갈등 해소를 위한 정기 피드백 시간 마련, 팀원 A와의 협력 사례 확대, 상사와의 기대 역할 정비

사례 2: 가족 관계맵

1. 목적: 가족 간 갈등 해결
2. 주요 인물: 배우자(의사소통 갈등), 자녀 1(긍정적 관계), 자녀 2(정서적 거리)
3. 관계 표현 방식: 고객 중심에 두고 배우자는 붉은 점선, 자녀 1은 굵은 녹색 실선, 자녀 2는 얇은 회색 실선으로 표현함.
4. 활용 전략: 배우자와의 대화 시간 구조화, 자녀 2와의 공통 활동 시작, 자녀 1의 지원을 활용한 가족 전체 대화 유도

행동 패턴: 전환 전략

행동 패턴은 고객이 특정 상황에서 반복적으로 보이는 반응과 선택의 경향을 의미하며, 이는 일상생활과 업무환경에서의 성과 및 관계 형성에 직접적인 영향을 준다. 코칭 현장에서 고객의 행동패턴을 이해하고 효과적으로 전환하기 위해서는 체계적인 분석과 실행 전략이 요구된다. 행동전환은 단순한 행동 수정이 아니라, 고객이 자신을 새롭게 인식하고 일관된 변화의 루틴을 형성하는 자기조절의 과정이다.

현재 행동 패턴 분석

행동 전환의 출발점은 고객이 현재 어떤 행동 패턴을 보이고 있는지 파악하는 것이다. 이를 위해 코치는 다양한 관찰 도구와 피드백 수단을 활용한다. 행동일지 작성이나 디지털 트윈을 통해 고객이 일상에서 스스로 자신의 행동을 기록하게 하고, 반복적 패턴과 감정 변화를 추적하게 한다. 정성적 관찰과 피드백을 통해 세션 중 고객의 말투, 표현 방식, 우선순위 설정 방식 등을 분석하고, 코치가 이를 데이터로 기록하여 통찰을 도출한다. 설문조사나 행동 평가 도구를 사용하여 객관적 수치를 통해 행동 경향을 진단한다. 타인의 피드백 수집을 통해 가족, 동료, 친구 등 관계자 관점에서의 고객 행동을 입체적으로 이해한다.

이러한 분석은 행동의 반복성과 무의식적 패턴을 자각하게 만드는 데 목적이 있다.

목표 행동 설정

행동 전환이 효과적으로 일어나기 위해서는 전환하고자 하는 목표 행동이 구체적이고 실현 가능해야 한다. 이를 위해 SMART 기준을 활용한다.

1. Specific(구체적): 막연한 개선이 아닌 구체적인 행동을 설정한다. 예: "시간을 잘 관리한다"가 아니라 "매일 오전 9시에 우선순위 목록을 작성한다."
2. Measurable(측정 가능): 실행 여부를 객관적으로 확인할 수 있어야 한다.
3. Achievable(달성 가능): 고객의 상황과 역량을 고려해 현실적인 목표를 설정한다.
4. Relevant(관련성): 고객의 장기적 목표 및 가치와 연결되는 행동을 선정한다.
5. Time-bound(기한 설정): 행동을 실천하고 평가할 수 있는 일정과 주기를 명확히 한다.

목표 설정 과정에서는 고객이 "왜 변화해야 하는가?"에 대해 스스로 내적 동기를 느끼도록 질문과 반영을 통해 통찰을 유도한다. 아울러 "어떻게 변화하고 싶은가?"에 대한 부분을 다룰 때에는 고객의 습관 패턴에 대해 살펴봐야 한다.

행동 전환 전략 개발

행동 변화는 '생각'을 '행동'으로 옮기는 다리 역할을 하는 구체적 전략이 드러나야 한다. 다음과 같은 방법들이 활용될 수 있다.

작은 변화부터 시작한다. 처음부터 큰 변화를 시도하기보다, 부담없이 시도할 수 있는 작은 변화부터 시작해 성공 경험을 축적하도록 한다. 인지행동기법(CBT)을 통해 고객의 부정적인 사고 패턴을 탐색하고, 그에 따른 자동적 행동을 의도적으로 조정할 수 있는 사고-감정-행동의 연결 구조를 만든다. 습관 형성 기법을 활용하여 행동 반복의 루틴을 설계하고, 트리거-행동-보상의 구조를 설정한다. 피드백과 긍정적 강화를 통해 고객이 성취감을 느끼고 지속적인 행동 유지를 유도한다.

전략 설계 시에는 고객의 성향(예: 자기주도적, 관계지향적 등)에 따라 실행방식과 보상의 방식도 맞춤형으로 조정한다. 토마스 오퐁[1]은 그의 글, '생각의 3단계'에서 사고의 수준이 인생을 결정한다고 주장한다. 삶을 변화시키는 중대한 결정은 생각하는 패턴에 달려 있다는 것이다. 그는 이 패턴은 가족, 환경, 사회적 영향에 의해 무의식적으로 형성되며, 학습 가능한 기술인 사고에 의해 스스로 변경해 나갈 수 있다고 설명한다. 코칭에서는 그 패턴을 보게 하는 것이 우선이다. 패턴을 보게 되면 그에 대한 통제력을 가질 수 있다. 이 방법을 훈련하는 것이 곧 성장의 핵심이다. 조정의 대상을 명확하고 객관적인 방식으로

---

1) Thomas Oppong (2025) The 3 Tiers of Thinking, Personal Growth Wisdom Newsletter

보는 것을 전략 설계에 담아야 한다.

오풍은 위의 글에서 사고방식의 질을 높이기 위한 도구로 '이중처리 이론'을 제안한다. 이는 인간의 사고가 두 체계로 작동한다는 심리학 이론을 바탕으로 한다. 시스템1은 자동화된 직관적 사고이다. 이는 빠르지만 오류에 취약하다. 시스템2는 의식적이고 분석적인 사고로 느리지만 정확하다. 코치가 코칭 현장에서 고객의 이슈에 대한 이야기를 들으면서 시스템1에 의존하게 된다. 이는 코치를 감정적이고 즉흥적인 판단으로 이끌려고 한다. 그렇지만 시스템2에 대한 예측정보를 손에 쥐고 있으면 더 나은 판단과 결정을 할 수 있다.

삶을 더 나은 방향으로 바꾸고자 하고, 그렇게 하기 위해 현재의 행동패턴을 일부 수정하여 행동하려 한다면 사고의 전환이 필요하다. 타고 나는 것이 아니라 연습과 도구에 의해 개발할 수 있는 부분을 정확하게 다루는 코칭 현장과 연결된다. 성장을 위한 여정은 호기심과 자기 객관화, 새로운 관점이 반복적으로 나타남으로써 채워진다.

행동 변화 모니터링과 조정

행동 변화는 지속적인 모니터링과 유연한 조정을 통해 유지되는 과정이다. 전환 과정은 선형적으로 흐르지 않으며, 때로는 예상치 못한 장애 요인이나 정체 구간을 만나기도 한다. 이에 따라 코치는 주기적인 평가를 통해 고객의 목표 달성 정도를 점검하고, 행동일지를 활용하여 변화의 일관성과 경향성을 분석한다. 필요할 경우 전략을 조정하거나 목표를 재설정하여 현실적 장애요인에 대처한다. 실패를 실패로 보지 않고 변화 경로의 일부로 수용하도록 안내하는 역할도 코치에겐 중요하다.

또한 코치는 고객의 상황과 에너지 상태를 고려하여 실천 리듬을 조정하는 데 함께함으로써 피로감을 줄이고 실행과 지속 가능성을 높인다. 이러한 구조로 코칭 환경을 설계하면 단기 성과를 넘어서서, 장기적인 행동 변화 유지를 위한 기반으로 이어진다.

장기적 행동 변화 유지

코칭이 종료된 이후에도 변화하여 성장하는 패턴이 지속되려면 고객 스스로 자기 점검과 조정이 가능한 구조를 익히는 것이 핵심이다. 이를 위해 코치는 자기 모니터링의 중요성을 이해하게 하고, 고객이 스스로 자신의 패턴을 인식하고 조정할 수 있도록 돕는다. 자가 강화 전략으로는 성공 시 자신을 격려하는 말, 적절한 보상 설정, 목표를 재확인하는 루틴 등이 포함된다.

이러한 과정을 통해 고객은 코칭에 들고 온 이슈를 다루는 방법뿐 아니라 스스로 변화 구조를 유지할 수 있는 자기 주도적 역량을 기르게 되며, 실패에 대한 관점도 보다 유연하고 성장 지향적으로 전환하게 된다. 동시에 코치는 고객의 삶과 맥락에 정서적으로 연결되어, 섬세한 개입으로 변화에 동행하게 되는 경험을 축적한다.

사례 예시

사례 1: 업무 시간 관리 개선

1. 현재 행동: 우선순위 없는 업무 처리로 인해 중요업무가 미뤄짐
2. 목표 행동: 매일 오전 9시 이전에 업무 우선순위 목록 작성
3. 전환 전략: 매일 10분간 정해진 시간에 일정표 작성 루틴화 + 일간 성과 확인 루틴 설정
4. 모니터링: 업무일지 리뷰 및 주간 피드백 제공
5. 장기 유지 전략: 매월 업무 성취도 자체 평가 및 성취 시 자기 보상

사례 2: 건강한 생활 습관 형성

1. 현재 행동: 불규칙한 식사와 운동 부족
2. 목표 행동: 주 3회 이상 운동 및 매일 아침 건강식 섭취
3. 전환 전략: 운동 알림 설정, 간단한 홈트 루틴부터 시작, 아침 식단 기록
4. 모니터링: 주간 기록표 리뷰 및 행동 피드백 제공
5. 장기 유지 전략: 건강 개선 효과에 대한 자기보고, 정기 건강 진단 활용

행동 패턴의 전환은 단순한 행동 수정이 아니라 고객의 의식 구조와 실행 방식의 구조적 재설계를 의미한다. 효과적인 코칭은 이 과정을 안내하는 체계적 전략을 통해 가능해진다. 고객의 현재 행동을 명확히 분석하고, 구체적이고 의미 있는 목표를 설정한 후, 실행 가능한 전략과 일관된 피드백을 통해 변화의 루틴을 형성해야 한다. 코치는 고객이 이 변화를 일시적 노력으로 끝내지 않고, 자기 주도적 행동 유지를 통해 지속 가능한 성장의 기반을 마련할 수 있도록 동반해야 한다.

행동 패턴 전환

고객이 자신의 행동 패턴을 바꾸기 위해서는 먼저 변화의 필요성을 충분히 인식해야 한다. 이는 성공적인 코칭 프로세스의 핵심적인 출발점이며, 고객 스스로가 현재의 행동이 문제를 유발하고 있다는 점을 자각해야 진정한 변화의 의지가 형성된다. 코치는 고객이 현재 상태와 목표 상태를 비교할 수 있도록 돕고, 변화가 자신에게 주는 의미와 가치를 체감하게 만들어야 한다.

이를 위해 다음과 같은 접근 전략을 단계적으로 적용한다.

인식 단계에서의 접근

코칭 초기에는 고객이 현재 어떤 행동패턴을 보이고 있는지를 명확히 자각하게 하는 것이 중요하다. 이 과정에서 코치는 정량적 도구와 정성적 피드백을 병행하여 고객의 자기 인식을 돕는다.

고객이 AI-트윈을 활용하여 현재의 상태를 스스로 점검하도록 한다. 예를 들어 시간관리, 스트레스 반응, 건강 습관 등에 대한 질의응답을 통해 자신의 반복되는 행동패턴을 발견하게 한다. 고객이 일상에서 접하는 객관적 피드백을 AI-트윈과 공유한다. 주변 동료나 가족으로부터 받은 의견을 반영하여, 자신의 행동이 타인에게 어떤 영향을 주는지 이해할 수 있도록 도울 수 있다. 동시에 고객이 바라는 미래의 이상적 모습을 구체적으로 그려볼 수 있도록 AI-트윈과의 질의응답을 활용하여 목표 상태를 객관화하게 한다. 도출된 비전을 기반으로 SMART 기준의 구체적 목표를 설정하여, 변화의 방향성과 도달 가능성을 명확히 한다.

변화의 필요성에 대한 인식 강화

변화를 설득하는 과정에서는 고객이 얻을 수 있는 이점과 변화하지 않을 경우의 손실을 모두 비교 분석할 수 있도록 한다. 고객과 함께 행동 변화의 이점 목록을 작성하고, 그중 개인에게 특히 중요한 항목을 중심으로 동기를 강화한다. 건강 개선, 대인관계 회복, 업무 집중력 향상 등 자신의 주요 관심사를 가지고 실제적인 시뮬레이션을 해보도록 하거나, 유사한 경험을 가진 타인의 성공사례를 소개하여 모델링 효과를 유도하고, "나도 할 수 있다."라는 인식을 심어준다. 또한, 현재 상태가 유발하는 문제점과 부작용을 분석한다. 반복되는 갈등, 미루는 습관,

에너지 고갈 등 현실의 불편을 구체적으로 언급하여 경각심을 형성한다. 고객이 변화하지 않을 경우 발생할 수 있는 비용과 손실을 체계적으로 정리하여, 현재 상태 유지의 위험성을 인식하게 한다. 이는 '현상 유지의 가격'을 자각하게 하는 매우 유효한 접근이다.

행동 전환을 위한 동기부여

변화는 인식만으로는 이루어지지 않으며, 내적 동기가 수반되어야 지속 가능한 실천으로 이어진다. 코치는 자기결정 이론의 세 가지 핵심 요소를 활용하여 고객의 내적 동기를 자극한다.

1) 자율성을 부여하여 고객이 자신이 원하는 변화의 방향과 방법을 스스로 선택하게 하고, 타인의 강요가 아닌 자발적 의사결정임을 강조한다.
2) 유능감을 느낄 수 있도록 작은 성공 경험을 제공하고, 변화의 결과에 대해 긍정적인 피드백을 통해 자신감을 키운다.
3) 관계성을 통해 정서적 지지를 제공한다. 코치는 신뢰 기반의 관계를 유지하고, 필요 시 고객이 주변 사람들과의 관계 속에서도 지지를 받을 수 있도록 구조를 제안한다.

또한, 고객과의 행동계약 체결을 통해 변화의 약속을 명문화하고, 경우에 따라 가족이나 팀원 등과 함께 공개 약속을 함으로써 사회적 책임감을 유도한다. 이러한 동기부여 전략을 채택할 때 고객의 관계 패턴을 감안해야 한다.

행동 변화를 위한 구체적 실행 전략

인식과 동기만으로는 변화가 지속되지 않기 때문에, 코치는 실천을 위한 구체적인 전략을 함께 수립해야 한다. 변화의 실행은 항상 단계적으로 접근하도록 한다. 작은 목표부터 시작하여 점진적으로 난이도와 범위를 확대하는 전략이 유효하다. 행동이 일어나기 쉽게 하기 위해 환경을 변화의 촉매로 활용한다.

 행동 실천을 촉진하기 위해 리마인더, 알람, 달력 활용 등을 통해 행동을 상기시키는 장치를 일상에 설정한다. 하루 한번 실천리스트를 점검하는 시간을 갖고 실행 방향이 맞는지, 스스로 칭찬할 부분은 무엇인지 확인하면서 긍정성을 강화하면, 좋은 습관으로 유지된다.

지속적 모니터링과 지원

행동 전환은 단기 목표가 아니라 중장기적 변화로 연결되어야 한다. 이를 위해 코치는 일관된 지원 체계를 유지한다. 정기적인 체크인을 통해 실행 여부를 점검하고, 장애요인 발생 시 빠르게 재조정할 수 있도록 돕는다. 변화에 대한 작은 성취를 보상하거나 격려하여 긍정적 감정을 축적하고, 스스로 변화의 주체로서 성취감을 느낄 수 있게 한다. 고객이 주변 사람들로부터 동료 피드백과 정서적 지지를 받을 수 있도록 네트워크를 구성하도록 유도한다.

고객이 행동패턴 전환의 필요성을 충분히 인식하게 하기 위해 코치는 현재 상태에 대한 자각, 목표에 대한 명확한 비전, 변화의 장점에 대한 체감, 그리고 내적 동기의 활성화를 도와야 한다. 이러한 구조적 접근을 통해 고객은 변화의 주체가 되어 행동을 자발적으로 선택하고 실천할 수 있으며, 결과적으로 지속 가능하고 의미 있는 성장을 이루게 된다.

행동 패턴을 변화시키기 위한 효과적인 코칭 전략

고객의 행동 패턴을 효과적으로 변화시키기 위해서는 심리적 원칙과 실용적인 기법을 결합한 구조화된 코칭 접근이 필요하다. 이 과정은 코칭의 각 단계에서 체계적인 전략을 적용함으로써, 고객이 변화의 필요성을 인식하고, 지속 가능한 실천을 이어가도록 지원한다.

명확한 목표와 기대치를 설정한다. 코칭 초기에는 고객이 도달하고자 하는 행동 변화의 방향과 구체적인 목표를 설정한다. SMART 원칙에 따라, 목표는 구체적, 측정 가능, 달성 가능, 관련성 있는, 시간제한을 갖추도록 구조화한다. 고객과의 코칭 계약 시, 기대할 수 있는 변화의 범위와 과정에 필요한 헌신과 노력을 명확히 설명하여 상호 책임을 형성한다.

자기 인식을 개발한다. 행동 변화는 자기 인식으로부터 출발한다.

코치는 고객이 자신의 현재 행동과 그로 인한 결과를 인식할 수 있도록 다양한 자기평가 도구(예: 성격 검사, 360도 피드백, 일기쓰기)를 활용한다. 또한 마음챙김 기법을 도입하여 고객이 자신의 자동적 반응과 반복적 사고 패턴을 자각할 수 있도록 돕는다.

신뢰 기반의 환경을 조성한다. 행동 변화는 심리적으로 안전한 환경에서 더욱 효과적으로 이루어진다. 코치는 고객이 판단받지 않고 자신의 어려움과 감정을 자유롭게 표현할 수 있도록 신뢰를 구축한다. 동시에 정기적인 체크인과 진행 상황 점검을 통해 고객이 자신의 변화에 책임감을 갖고 지속해서 동기를 유지할 수 있도록 지원한다.

데이터와 피드백을 적극적으로 활용한다. 고객의 행동 변화는 측정과 추적이 가능할 때 더욱 실효성을 갖는다. 코치는 고객이 앱, 저널, 피드백 시스템 등을 통해 자신의 진행 상황을 추적하도록 안내한다. 수집된 데이터를 기반으로 전략을 조정하며, 코칭의 방향이 고객의 현재 상황과 목표에 계속 부합하도록 조율한다.

작고 점진적인 변화를 장려한다. 변화는 크고 단번에 일어나기보다는 작은 성공의 누적으로 이루어진다. 코치는 고객이 압도되지 않도록 목표를 더 작고 실행 가능한 단위로 나눈다. 기존 습관에 새로운 행동을 연결하는 '습관 쌓기' 기법을 활용하여, 긍정적 행동이 자연스럽게 정착되도록 돕는다.

지속적인 지원과 자원을 제공한다. 코치는 고객의 변화 여정을 지속해서 지지하기 위해 정기적인 세션 외에도 중간 점검, 메시지, 리소스 공유 등의 방식으로 지원을 유지한다. 고객이 행동을 실천하고자 할 때 활용할 수 있는 도서, 기사, 도구, 앱 등을 추천하여 변화 실현 가능성을 높인다.

사례 적용 예시

고객이 스트레스를 줄이고 생산성을 높이기 위해 시간 관리 습관을 개선하고자 할 경우, 코치는 다음과 같은 전략을 단계적으로 적용한다.

1. 목표 설정: "매일 오전 30분 동안 일일 업무 계획을 수립한다."라는 SMART 목표를 설정한다.
2. 자기 인식: 시간 추적 앱을 활용하여 고객이 하루를 어떻게 사용하는지 데이터를 수집하게 한다.
3. 신뢰 기반 환경 조성: 매주 정기적인 체크인 세션을 운영하여 고객의 진행 상황을 점검하고 정서적 지지를 제공한다.
4. 심리적 기법 활용: 업무 지연과 관련된 부정적 사고를 탐색하고, 이를 긍정적 사고로 재구성하는 CBT 기법을 적용한다.
5. 데이터와 피드백 활용: 일일 업무 실천 여부를 기록하고 주간 회고를 통해 필요 시 전략을 조정한다.
6. 점진적 변화: 하루 단위 계획 수립에서 시작하여 주간, 월간 단위로 확장하도록 점진적 훈련을 설계한다.
7. 지속적 지원: 시간관리 관련 아티클과 업무 조직 앱을 추천하고, 필요 시 사용법을 안내한다.

고객의 행동 패턴을 변화시키는 코칭은 단순한 조언 제공을 넘어서, 구조화된 전략과 심리적 지원이 결합된 전방위적 접근을 요구한다. 코치는 목표 설정, 자기 인식 증진, 신뢰 기반의 관계 형성, 근거 기반 기법 적용, 데이터 분석, 점진적 실행, 지속적 지원이라는 일곱 가지 축을 유기적으로 통합하여 고객의 실질적 행동변화를 견인할 수 있다. 이러한 전략적 코칭은 고객이 변화의 주체로 성장하도록 돕고, 장기적으로 자율적 행동 지속이 가능하게 하는 기반을 마련한다.

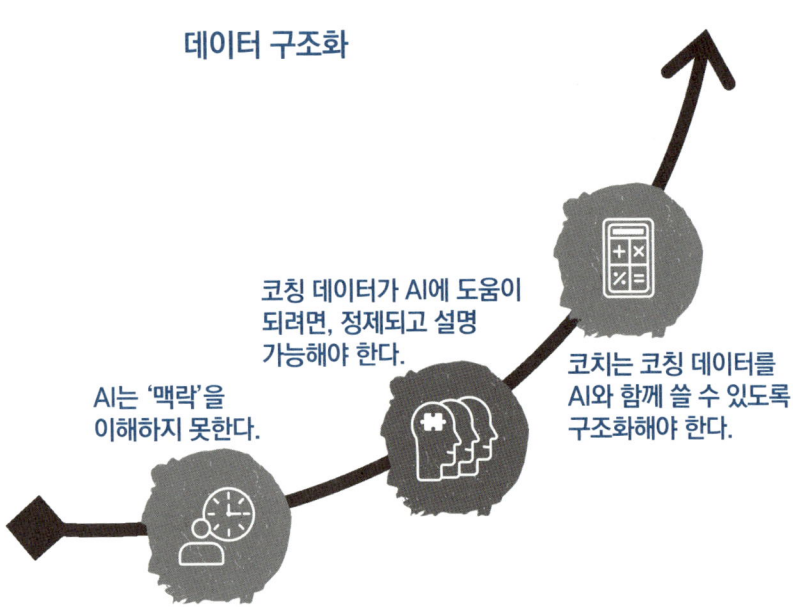

AI는 인간처럼 맥락을 직관적으로 이해하지 못하기 때문에, 코칭 데이터가 AI에 의미 있게 작용하려면 정제되고 설명 가능한 형태로 구조화되어야 한다. 이를 위해 코치는 데이터를 무엇을 기록할지, 어떻게 분류·정리할지, AI가 활용할 수 있도록 어떻게 표현할지를 고민해야 한다. 구조화된 데이터는 AI 코칭의 정확성과 활용 가능성을 높이는 핵심 기반이 된다.

Part III. 설계

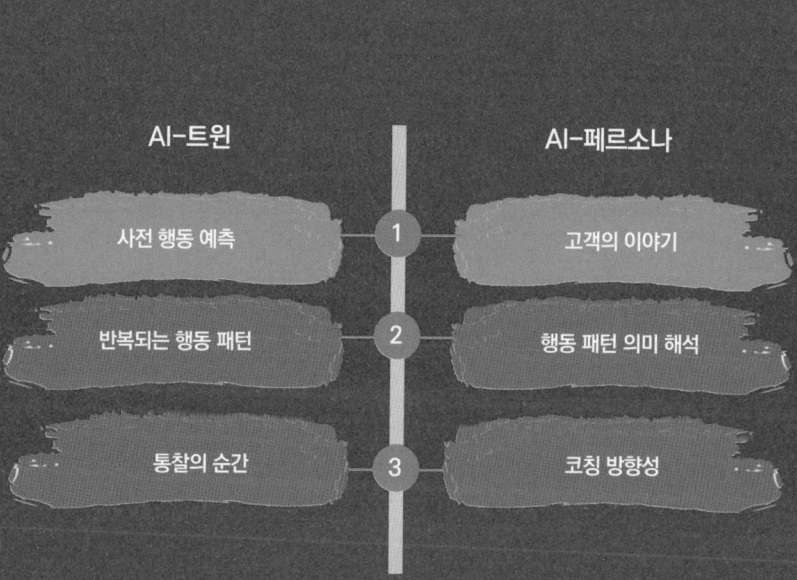

AI-트윈은 고객 스스로의 행동을 예측하고 반복 패턴을 인식하며, 통찰을 경험하게 해주는 자기성찰 도구다. 반면 AI-페르소나는 코치가 고객 데이터를 분석해 그 의미를 해석하고, 코칭의 방향을 잡도록 돕는 전문 분석 프레임이다. 이 둘은 동일한 데이터를 바탕으로 작동하지만, 서로 다른 관점에서 통찰을 이끌어내는 상보적 파트너다.

06. 코칭 설계

 기술이 고도화될수록 코치가 어떤 방식으로 고객과 연결되고, 신뢰를 구성할 수 있는가 하는 것이 중요하다. 코치는 자신의 코칭을 설계할 때 도구와 존재의 협업이라는 통합을 고려한다. 디지털, 특히 AI 기술이 코칭에 통합되는 환경이 되면서, 코치의 존재감과 전문성 외에 도구라는 관점이 부각된다. 디지털 사회는 코치의 역량을 재구성하게 한다.

 협업은 기술과 사람의 접점을 설계하는 전략적 관계 구성이다. AI 코칭 도구가 질문을 생성하고, 감정 흐름을 추적하며, 실행 피드백을 자동화하는 시대이기 때문이다. 코치는 "무엇을 코치의 영역에 남기고 무엇을 AI에게 위임할 것인가?"라는 실존적 질문에 직면하고 있다. 이제 코치의 전문성은 기능의 보유 여부가 아니라, 기술과의 관계를 어떻게 설계하는가에 달려 있다.

 기술은 도구가 아니라 '파트너'가 되고 있다. 과거에는 코치가 기술을 선택하고 활용했고, 현재는 기술이 코칭 흐름에 개입하고 구조를 제안한다. 인간은 기술과 협업하며 리듬과 역할을 조율하는 자로 전환된다.

인간 고유의 감각을 중심에 배치하는 설계에 집중해야 한다. AI는 질문을 던질 수 있지만, "지금 이 질문이 이 고객에게 적절한가?"라는 판단은 인간의 몫이다. AI는 감정을 분석할 수 있지만, "이 감정에 함께 머무를 수 있는가?"라는 코치의 관계적 감수성에 달려 있다. 협업 설계란 기술의 기능을 감정적 안전 안에 담아내는 구조화 작업이다.

협업 없는 혼용은 신뢰를 손상시킬 수 있다. 코치들이 고객과의 만남 전에 AI에게 질문할 리스트를 제안 받아 들고 나서는 상황이 증가하고 있다. 그러나 고객이 "이건 AI가 주는 질문인가요, 코치가 직접 질문 하시는 건가요?"라고 묻는 순간, 이미 관계적 혼란이 시작된다. 따라서 AI가 개입하는 시점, 방식, 해석 권한 등을 고객에게 투명하게 안내하는 협업 구조 설계가 반드시 필요하다.

협업이란 도구 사용이 아니라 역할 재정의이다. 협업이란 코치가 어떤 역할을 맡을 것인지, AI는 어디까지 개입할 수 있는지, 고객은 누구와 연결되어 있다고 느끼는지를 의식적으로 정의하고 설계하는 실천적 구조다.

협업의 기본 원리: 3C 프레임워크

협업은 기능의 결합이 아니라, 관계의 연속성을 유지하면서 신뢰와 감정의 리듬을 설계하는 행위다. 3C는 코치가 기술과 함께 코칭을 '같이' 한다는 것을 고객이 느끼게 해주는 감각적 구조다. 기술은 정확함을 주고, 코치는 감각을 더한다. 이 둘은 역할이 아니라 리듬을 나눈다. 협업은 기능의 나눔이 아니라 신뢰를 유지하는 리듬을 설계한다. AI와 코치가 함께 코칭흐름을 구성하려면, 단순한 역할 분업을 넘어서 관계적 리듬, 개입의 타이밍, 고객 안내의 투명성까지 설계되어야 한다. 이를 위한 기본 원리로 3C 프레임워크, 보완성, 조율성, 명료성이 필요하다. 코치와 AI 사이의 효과적인 협업을 설계하기 위한 핵심 원리는 다음과 같다.

1. Complementarity(보완성) - 서로의 약점을 보완, 감정/관계는 인간, 실행/반복은 AI
2. Coordination(조율성) - 개입 시점과 흐름의 명확한 설계
3. Clarity(명료성) - 고객이 누가 무엇을 하는지 혼란 없도록 역할 분담을 투명하게 안내

보완성은 "무엇을 맡기고, 무엇은 반드시 인간이 다루어야 하는가?"에 대한 것을 다루는 영역이다. AI는 반복 수소, 정형 질문에 강하다. 인간은 감정 해석, 의미 탐색, 관계 설계에 강하다. 따라서 협업 설계의 전제는 상호 대체가 아니라 상호 보완이므로 실행 근거는 AI가 요약하고, 실행의 감정은 코치가 탐색 방식으로 서로 협업하는 구조로 설계한다.

조율성은 "언제, 어떻게 개입하고 전환할 것인가?"에 대한 것을 다룬다. AI 개입 시점이 명확하지 않으면 고객은 혼란을 느낀다. 세션 전

감정저널링이나 AI-트윈과의 상호작용은 AI, 세션 중 질문은 코치, 세션 후 보강된 데이터 반영은 AI가 하는 등 전환이 명확하게 흐를 수 있어야 한다. 코치는 기술 개입의 시점과 강도를 설계하고 조율하는 디렉터가 되어야 한다.

명료성은 "이 흐름에서 누가 어떤 역할을 하고 있는가?"에 대한 것이다. 고객이 "이건 누구의 말이지?"라고 느끼는 순간, 신뢰는 흔들린다. AI의 의견과 코치인지 명확히 구분된 상태로 전달되어야 한다. AI가 자동 요약한 결과를 함께 해석해보겠다고 말할 수 있어야 한다.

AI와 협업한다는 것은 기계에게 언제 어떻게 침묵하고 개입할지를 인간이 정리하는 설계다. 좋은 협업은 흐름 설계다. 코치는 상황과 고객 특성에 따라 유형을 조합하고 설계한다. AI와 코치가 함께 작동하는 코칭 환경에서는 기능과 감정, 데이터와 의미, 리듬과 질문이 어떻게 연결되는가를 고려한다.

협업 설계 시 고려해야 할 윤리·신뢰 요건

윤리는 기술이 관계 안에서 작동할 수 있게 하는 '신뢰의 프레임'이다. AI와 협업한다는 것은 코치가 신뢰를 감각적으로 설계하는 책임을 지는 것이다. AI와의 협업에서 고객의 권리와 감정을 보호하기 위해, 코치가 반드시 설계해야 할 윤리적 기준과 신뢰 설계 포인트를 정리한다. 기술이 개입할수록, 신뢰는 더 섬세하게 설계되어야 한다. 고객 중심의 사전 동의와 명확한 설명, AI 개입 범위의 한계 명시, 감정 통역자로서 코치의 개입 강화 등을 통하여 협업은 기술이 아닌 신뢰의 투명한 구조 설계에서 출발한다는 점을 인식한다. AI와 코치가 함께 작동하는 구조에서는, 기술적 효율보다 더 중요한 것이 있다. 바로 고객이 '나는 여전히 사람에게 코칭 받고 있다'라는 감각을 유지하도록 돕는 신뢰 구조 설계이다. 이를 위해서는 몇 가지 윤리적 기준과 실행 포인트를 반드시 사전에 마련해야 한다.

1. **고객 중심의 사전 동의 구조 설계**: AI 감정 분석 기능이 작동되기 전 반드시 고객에게 무엇이 어떻게 작동할 것인지 구체적으로 안내한다. 기술이 개입하는 모든 영역은 언제, 어떤 방식으로, 무엇을 수집·저장·제공하는지 설명하고, 고객의 선택권을 중심에 둬야 한다. 단순 '체크'가 아닌, 심리적 수용까지 고려한 동의 설계가 필요하다.
2. **기술 개입의 한계 명시**: "이건 AI가 도와주는 기능입니다."라는 안내만으로는 부족하다. 고객이 "그렇다면 이것은 코치의 판단입니까?"라고 물었을 때 그 경계를 명확히 구분할 수 있어야 한다. "이 감정 요약은 AI 시스템이 분석한 결과이며, 그 의미는 코치와 함께 해석합니다."
3. **코치의 '감정 통역자' 역할 강화**: 자동화된 피드백은 때로는 판단처럼 느껴지거나, 정서적 거리를 만들거나, 부정확한 낙인을 줄 수 있다. 이때 코치는 반드시 개입하여 감정의 맥락을 회복

시키고, 고객이 다시 스스로를 이해할 수 있는 말로 재번역해야 한다.
4. **메타 커뮤니케이션 루틴 마련**: 고객이 불편을 느꼈거나 기술의 작동 방식에 의문이 있을 때 이를 피드백하고 관계를 회복할 수 있는 대화 구조가 마련되어야 한다. "이번 흐름이 너무 기술적으로 느껴지셨다면, 말씀해주세요.", "지금 이 리포트는 당신에게 어떤 느낌을 주고 있나요?"

실행 전략: 협업을 현실에 구현하는 방법

실행이란 기술의 언어를 '코칭 대화'로 바꾸는 과정이다. AI와 코치의 협업을 실제 코칭 흐름에 적용하기 위한 구체적 흐름에서 협업은 설계된 루틴이다. 표준화된 흐름 설정, 공동 세션 로그를 통해 AI-코치 협력 기반 정리, AI 리포트를 인간 언어로 해석하는 역할 수행 등에서 기술을 '사람의 말'로 전환하는 구조화가 핵심이다. AI와 코치의 협업이 현실적으로 작동하려면, 철학적 이해나 기능 분담을 넘어 일상적인 코칭흐름 안에 녹여낼 수 있는 실행구조가 필요하다.

각 세션 흐름을 기준으로 AI가 먼저 움직이는 부분, 코치가 중심이 되는 순간, AI가 추적을 이어가는 시점을 사전 정의하는 표준 흐름표를 만들어 둔다.

[표 6.1] 코칭 설계 표준 흐름표 (예시)

단계	AI 역할	코치 역할
사전 준비	감정 체크인, 실행률 요약 리포트	리포트 해석 및 질문 준비
세션 중	감정 요약 제공(요청 시)	대화 흐름 설계, 질문 조율, 의미 해석
사후 추적	실행 리마인드, 간단한 피드백 질문 전송	후속 코칭 계획 설계, 감정 흐름 복기

'디지털 해석자'로서의 감정 해석 루틴 정립

AI가 생성한 요약 리포트에서, 실행률 분석, 감정 반복 패턴 등을 "그대로 전달"하지 말고, 코치가 '고객과 함께 재해석하는 프레임'을 질문으로 설계한다.

- "이 수치가 당신에게 어떤 해석으로 다가오시나요?"
- "리포트보다 이 흐름 속에 감정적으로 더 와닿는 순간은 언제였나요?"

코치의 설계 역량

코치의 설계 역량은 기술과 협업하는 시대에 더욱 중요해지고 있다. 코칭 흐름을 구조화하고, 데이터를 정제하며, 윤리와 신뢰를 설계하고, 피드백의 방식까지 디자인할 수 있어야 한다. 특히 AI와 협업할 때, 코치가 무엇을 맡고 무엇을 위임할지 명확히 구분하는 역량은 신뢰와 몰입을 유지하는 핵심 요소가 된다.

07. 고객의 자기이해 지원

디지털 코칭 설계는 데이터를 기반으로 개인의 성격 특성과 직무 역량 간의 연결고리를 분석하고, 이를 바탕으로 행동 패턴 전환과 개인 성장에 효과적인 전략을 수립할 수 있도록 지원한다. 특히 행동 변화가 필요한 고객을 위해 다음과 같이 통찰력 있는 개입 전략을 제공하는 데 유용하다.

1. 정서적 특성 분석: 회복탄력성, 감정조절력, 감수성 등 정서적 대응방식에 대한 프로파일을 제시한다.
2. 인지적·업무 스타일 분석: 분석적 사고, 목표지향성, 규칙 중시 여부 등 문제해결 및 업무 처리에 대한 태도를 파악한다.
3. 대인관계 성향 파악: 친화력, 설득력, 협력성 등 대인관계에서의 기본 행동 경향을 드러낸다.
4. 동기 유형 및 내적 욕구 분석: 성취동기, 인정욕구, 변화추구성향 등을 정밀하게 파악하여 변화 저항이나 몰입 유인을 이해할 수 있도록 한다.

데이터는 개인이 현재 보이는 행동의 구조적 원인을 이해하고, 어떤 요소가 행동 변화의 촉진 혹은 저해 요인으로 작용하는지를 분석하는 데 매우 중요한 자료가 된다. 데이터를 분석하여 생성된 예측은 고객 행동 패턴 전환 코칭에 다음과 같은 방식으로 활용된다.

1. 현 상태 진단의 정교화: 고객이 스스로 인식하지 못했던 무의식적 행동 경향, 반복되는 스트레스 반응, 회피 또는 과잉 반응 행동을 객관화할 수 있다.
2. 강점 중심의 개입 설계: 고객의 자연스러운 성향을 억제하지 않고, 현재 목표와 조화를 이루는 방식으로 행동을 조정할 수 있는 전략을 수립한다.
3. 낮은 선호의 성향 분석을 통한 리스크 관리: 고객이 회피하고 있는 특정 영역(예: 갈등 대처, 리더십 발휘 등)에 대해 해석하고, 부담을 최소화하며 시도할 수 있는 전환 접근법을 개발한다.
4. 행동실험과 피드백 루프 설계: 행동 시나리오를 만들어 실험적으로 새로운 방식을 적용해보고, 그 결과를 성향과 비교·분석하며 피드백을 주는 루프를 구성한다.

예를 들어, 목표지향 성향은 높지만 감정 수용이나 관계 유지 선호도가 낮은 고객에게는 지나친 성과 집착으로 인한 조직 내 충돌 위험을 설명하고, 일정 수준의 감정 공유 연습이나 피드백 수용 실험을 제안할 수 있다.

행동패턴 전환을 위한 데이터 활용

행동변화가 필요한 고객에게 데이터 기반 코칭을 적용하려면 다음과 같은 단계로 진행한다.

1. 1단계: 진단 및 통찰: 사전 진단으로 확보한 고객 데이터를 활용한 모델에서 반복적인 행동 양식을 파악하고, 그 심리적 기반에 대해 이야기를 나눈다. 고객이 자신의 성향을 수용하면서도 변화의 필요성을 느끼게 하는 인식 프레임을 설계한다.
2. 2단계: 목표 재설정: 현재 목표가 고객 성향과 얼마나 정렬되어 있는지 점검하고, 성향에 맞게 세부 실행 방식을 조정한다. 행동 변화를 위한 구체적 지표(예: 일상 행동, 대인 대처 방식)를 기한 내 실행가능한 목표 형태로 재설정한다.
3. 3단계: 전환 전략 설계: 자신의 성향 중 패턴의 변환이 필요한 영역(예: 회복탄력성 향상, 주도성 강화)에 맞춰 실험적 행동 과제를 설계하도록 한다. 작은 성공경험을 중심으로 새로운 행동 패턴을 단계적으로 확장하는 방향성도 논의한다.
4. 4단계: 피드백과 보정: 실험적 행동 적용 이후의 결과를 성찰하도록 돕고, 성향 기반 패턴과 비교하여 무엇이 잘 작동했는지 피드백한다. 고객의 내적 저항이나 좌절 요인을 다시 성향 기반으로 해석하고, 전략을 유연하게 보정한다.
5. 5단계: 장기 유지 전략: 코칭 결과를 기반으로 고객 스스로 추적

가능한 행동 체크리스트와 자기 점검 루틴을 설계한다. 향후 환경 변화에 따라 어떤 성향이 재부각될 수 있는지 시뮬레이션하고, 미리 대응 전략을 논의한다.

데이터 기반 코칭은 단순한 진단 도구를 넘어, 고객의 행동패턴 전환을 설계하고 추적 가능한 성장 프로세스로 전환할 수 있도록 돕는다. 성격 특성과 역할 간 적합성 분석, 강점 기반 개입 설계, 선호도가 낮은 성향 영역이 보여주는 행동 패턴에서의 리스크 관리, 행동 실험과 피드백 등을 통하여 기존의 직관 중심 코칭을 넘어 정밀 설계 기반 코칭을 실현하는 데 핵심적인 기제를 제공한다. 특히 행동 패턴 중심 설계, 반복성 조정이 가능한 코칭 플랜은 고객의 자기 이해와 자율적 행동변화를 동시에 촉진하며, 코치에게는 더 명확하고 일관성 있는 개입을 가능하게 한다.

이러한 방식은 고객의 자기이해를 높이는 동시에, 더 지속가능하고 의식적인 행동전환을 가능하게 한다는 점에서 매우 높은 코칭 효과를 기대할 수 있다.

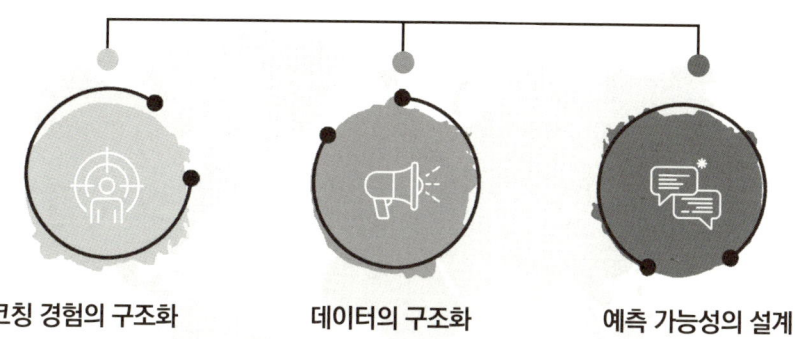

AI 시대의 코칭설계는 세 가지 핵심 요소를 포함해야 한다. 첫째, 코칭 경험을 일정과 대화 흐름 단위로 구조화해야 고객의 변화 과정을 설명할 수 있다. 둘째, 수집할 데이터의 유형과 정제 방식을 명확히 정의해 분석 가능성과 투명성을 확보해야 한다. 셋째, 반복되는 행동 패턴이나 감정 반응을 기반으로 AI가 예측 가능하도록 설계 포인트를 사전에 지정해야 한다.

08. 고객의 행동 패턴과 성장점 탐색

코칭에서 고객의 행동 패턴과 성장 가능성을 탐색하는 측면에서 데이터 기반 코칭은 매우 효과적인 접근 방식을 제공한다. 다양한 유형의 데이터를 통합적으로 분석하여, 개인의 행동 특성과 성장 잠재력을 체계적으로 파악할 수 있기 때문이다. 이를 통해 코치는 더 정밀한 개입 전략을 수립할 수 있으며, 고객 스스로도 자신의 변화 과정을 이해하고 주도할 수 있게 된다.

고객으로부터 수집된 데이터는 고객이 스스로 인식하지 못했던 행동 패턴을 드러내주며, 강점과 성장점 영역을 구체적으로 파악하는 데 도움을 준다. 이 피드백은 고객이 객관적으로 어떻게 인식될 수 있는지 직면하게 해주며, 자기 인식의 확장을 이끈다.

고객의 성향을 데이터로 제공하고 행동 패턴을 반복적으로 예측하면서 분석하면 자신의 의사결정 방식, 스트레스 반응, 관계 지향성 등의 행동적 경향을 이해할 수 있다. 이러한 분석은 고객이 어떤 상황에서 자신의 리더십을 가장 잘 발휘하며, 어떤 상황에서 어려움을 느끼는지를 탐색하는 기반이 된다.

행동 패턴 분석을 통해 고객의 실행 이전에 결과를 검토할 수 있다. 예를 들어, 특정 행동이 팀의 성과나 협업 분위기에 어떤 영향을 주는지 예측함으로써, 효과적인 실행 방법을 전략화 할 수 있다. 이는 고객이 자신의 기존 행동 중 유지해야 할 부분과 변화가 필요한 부분을 구분하도록 돕는다.

데이터가 분석해주는 예측리포트를 종합하여 개인화된 개발 계획을 수립할 수 있다. 개발 계획에는 측정 가능한 목표가 포함되며, 고객의 실제 성장과 연계된 개입 전략이 구체적으로 제시된다. 예를 들어, 갈등 상황에서 회피하는 경향이 있는 리더는 '건설적 대화 기술 향상'이라는 세부 목표를 설정하고, 이를 위한 실습 과제와 피드백 세션을 포함한 맞춤형 프로그램을 논의하는 코칭으로 진행한다.

주기적인 코칭 세션을 통해 고객의 행동 변화를 지속해서 추적하고, 필요한 경우 전략을 조정한다. 고객의 행동패턴을 고객 스스로 반복 수집하고, 그 결과를 코치와 공유할 수도 있다. 코치는 관련 데이터를 시각화하여 고객의 변화를 직접 확인할 수 있도록 한다.

조직 내 여러 고객들의 데이터를 비교 분석하여, 조직 차원의 리더십 개발 전략을 수립할 수 있다. 예를 들어, 다수의 리더들이 갈등 관리나 감정 표현에 어려움을 겪는다면, 해당 주제에 대한 조직 차원의 개입이 필요하다는 신호로 해석될 수 있다.

이와 같이, 행동 패턴과 성장점을 탐색하는 과정은 데이터 기반 코칭의 핵심이다. 이러한 접근은 자기 인식, 전략적 개입, 장기적 성장이라는 세 가지 축을 통합하며, 고객이 더 성숙하고 유연하게 성장할 수 있도록 지원한다. 이는 단기적 개선을 넘어서 지속가능한 역량 강화를 가능하게 하며, 결과적으로 개인과 조직 모두의 성과 향상에 기여한다.

[표 8.1] 질문–성향 맵핑(예시)

질문 카테고리	대표 질문	주요 관련 성향 (핵심 성향 굵게 표시)
실행과 지연	"왜 나는 해야 할 일을 자꾸 미룰까?"	**실행중심성**, 목표지향성, 자기조직화, 에너지 관리, 스트레스 감수성
	"계획은 세우는데 왜 끝까지 못 가는 걸까?"	**목표지향성**, 실행중심성, 우선순위 설정력, 회복력, 성찰성
결정과 방향	"중요한 결정을 자꾸 미루게 되는 이유는 뭘까?"	**예측 선호**, 불확실성 포용력, 자기신뢰, 가치중심성
	"직감을 믿어도 될까, 논리적으로 판단해야 할까?"	**직관적 통찰**, 논리성, 체계적 사고, 심층사고
감정과 반응	"나는 왜 감정을 숨기게 될까?"	**감정표현성**, 대인신중성, 감정조절, 불안 민감성
	"감정이 올라올 때 참는 게 나은 걸까, 표현해야 할까?"	감정조절, **감정표현성**, 공감성, 진정성
관계와 소통	"갈등 상황이 생기면 나는 왜 피하려고 할까?"	**갈등회피 성향**, 공감성, 인정욕구, 스트레스 감수성
	"사람들 앞에서 나를 표현하는 게 왜 어려울까?"	**대인신중성**, 외향성, 감정표현성, 자기신뢰
성장과 변화	"나는 변화를 반기는 편일까, 두려워하는 편일까?"	**변화수용성**, 불확실성 포용력, 모험성, 안정지향성
	"새로운 시도를 시작하려고 할 때 망설이게 되는 이유는 뭘까?"	**모험성**, 자기효능감, 불안 민감성, 자기신뢰
회복과 에너지	"실패 후에 나는 왜 쉽게 회복되지 못할까?"	**회복력**, 자기효능감, 감정조절, 성찰성
	"요즘은 왜 에너지가 쉽게 고갈되는 걸까?"	**에너지 관리**, 책임감, 감정조절, 스트레스 감수성
의미와 가치	"나는 이 일을 왜 하고 있는 걸까?"	**진정성**, 가치중심성, 성찰성, 심층사고
	"이 선택은 나답다고 말할 수 있을까?"	**가치중심성**, 자기신뢰, 진정성, 직관적 통찰
자기신뢰와 기준	"나는 내 판단을 믿어도 되는 사람일까?"	**자기신뢰**, 자기효능감, 대인신중성, 성찰성
	"타인의 인정이 없으면 나는 왜 흔들릴까?"	**인정욕구**, 자기신뢰, 감정조절, 가치중심성

Part IV. AI-트윈

AI-트윈 코칭 모델은 하나의 고객 데이터를 중심으로, 코치는 '페르소나'를 통해 고객의 특성과 행동 패턴을 코칭 전문성의 관점에서 분석하고, 고객은 '트윈 생성'을 통해 스스로를 객관화하는 경험을 한다. 양측은 각자의 컴퓨터에서 AI와 대화하며, 동일한 데이터를 기반으로 서로 다른 시각에서 탐색하고 해석하는 새로운 협업 구조를 보여준다.

09. AI-트윈의 생성

AI-트윈 모델은 고객이 제시하는 성향 데이터를 기반으로 사고방식과 행동 패턴을 객관적으로 보여줌으로써 스스로를 관찰하고 변화의 실마리를 찾을 수 있게 한다. 자신의 반복적인 행동 패턴을 볼 수 있게 함으로써 자기 인식의 통로를 제공하는 도구이다. 대부분 사람들은 자신의 반복적인 실수를 놓치거나, 변화가 필요한 지점을 인식하지 못한 채 비슷한 행동을 반복하는 경우가 많다. AI-트윈은 이러한 문제를 해결하는 새로운 방식의 코칭 파트너로, 고객의 행동을 사전에 예측해주는 존재로 작동한다.

AI 기반의 고객 트윈을 제공하여 고객 스스로 던지는 질문에 대해 예측 기반의 피드백을 반복적으로 제공하는 이 모델은, 고객에게 자신의 일관된 경향성을 자각하는데 도움을 주게 되며, 변화가 필요한 지점, 주의할 패턴, 개발할 전략을 객관화하는 데 기여한다.

이 시스템은 행동 패턴에 기반을 둔 자기 인식이라는 코칭의 사전 단계를 실현해주는 플랫폼이다. 고객은 트윈이 제공하는 공간 내에서 스스로 자문자답하면서 자신의 예측 행동에서 반복되는 패턴을 사전에 살펴볼 수 있으며, 코칭 주제로 가지고 올 이슈를 명료한 패턴을 통해 파악할 수 있다.

AI-트윈을 통해 기대할 수 있는 효과는 다음과 같다.

1. 자기 인식 향상: 반복되는 질문-응답 과정을 통해, 사용자는 자신의 고유한 성향 기반 행동 패턴을 자각하게 된다. 이는 자연스럽게 자기 성찰 능력과 자율적인 변화 동기를 강화시킨다.
2. 행동 예측을 통한 준비된 대응력: 특정 상황에서 내가 어떻게 반응할지를 사전에 예측해보는 것은, 실제 상황에 대한 대처력을 기르는 데 매우 유용하다. 트윈은 이런 점에서 일종의 심리적 리허설 도구이기도 하다.
3. 코칭의 몰입도와 효율 향상: 사용자가 자신의 반복 패턴을 인식한 후에 코칭 세션에 참여하면, 코칭 대화는 더 본질적인 주제와 변화의 방향에 집중할 수 있게 된다. 코치는 트윈이 예측해 준 내용과 사용자의 자기 관찰 결과를 토대로 더 깊은 개입을 시도할 수 있다.
4. 성향 기반 자기설계 도구로서의 기능: 사용자는 트윈을 통해 자신에게 맞는 선택방식, 일하는 방식, 관계 맺는 방식 등을 점차 명확히 알게 된다. 이는 곧 자기다움에 기반을 둔 삶의 설계로 이어질 수 있다.

코치-AI 트윈 협업 설계

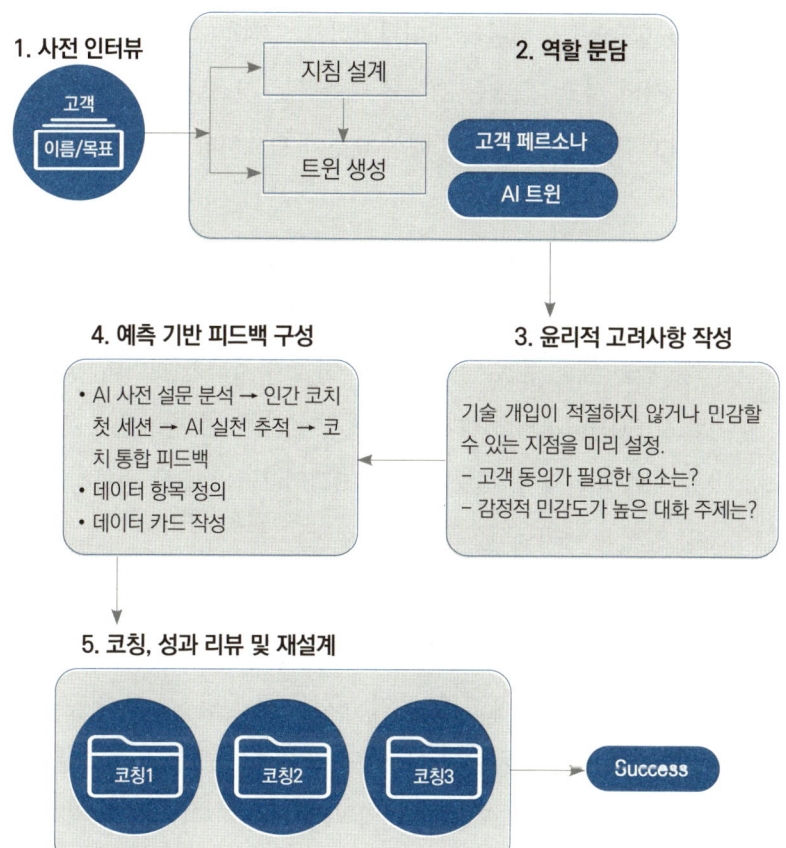

AI-트윈의 핵심 구성 요소

AI-트윈은 한 사람의 내면을 데이터화하고, 그 데이터를 바탕으로 특정 상황에서의 사고 및 행동 경향을 예측하는 시스템이다. 이를 실현하기 위해 다음과 같은 네 가지 핵심 요소가 필요하다.

1. 첫째, 고객의 내재 성향 데이터: AI-트윈의 중심에는 고객의 내재 성향 데이터가 존재한다. 이 데이터는 행동, 감정, 사고, 관계, 변화 대응 등 다양한 심리 차원을 수치화한 것이며, 일반적으로 30~40개의 성향 항목으로 구성된다. 각 항목은 1~5점의 수치로 표현되며, 해당 점수는 고객의 자연스러운 경향성과 반응 양식을 나타낸다.
2. 둘째, 구조화된 지침(프롬프트): 트윈이 정확하게 예측을 수행하기 위해서는, 질문에 대한 해석 구조와 응답 형식을 명확히 정해주는 지침이 필요하다. 이 지침은 어떤 방식으로 행동 의도를 파악하고, 어떤 논리로 성향을 연결하여 행동을 예측할지에 대한 분석 흐름을 포함한다. 지침은 코칭 대화의 철학, 해석 기준, 예측 스타일을 일관되게 유지하도록 돕는다.
3. 셋째, 질문과 응답을 주고받을 수 있는 인터페이스: 트윈은 사용자로부터 질문(또는 자기 진술)을 입력받고, 이에 대해 예측 기반 응답을 제공한다. 이 과정을 수행할 수 있는 플랫폼은 챗봇, AI 기반 시스템, 또는 코칭 툴 내 탑재된 인터페이스일 수

있다. 중요한 것은 질문이 입력될 때마다, 고객의 성향 데이터와 지침이 함께 작동하도록 연결되어야 한다는 점이다.
4. 넷째, 질문–응답의 누적 기록 시스템: AI-트윈은 반복되는 질문과 응답을 통해 사용자가 자신의 패턴을 스스로 인식할 수 있게 도와준다. 따라서 각각의 질문과 예측 응답이 누적되고, 이를 시간 흐름 속에서 다시 되돌아볼 수 있는 구조가 필요하다. 이를 통해 사용자는 자기 행동의 일관성과 반복 경향을 인지하게 된다.

AI-트윈의 작동 원리

AI-트윈은 고객의 내재 성향과 입력 문장을 결합하여 다음의 4단계 분석 과정을 반복하여 제공하도록 모델링되어 있다. 이 4단계는 고객의 질문마다 동일한 구조로 반복되며, 사용자는 예측 응답을 통해 점점 자신의 일관된 반응 패턴을 자각하게 된다.

1. 1단계. 행동 의도 이해: 고객이 던진 질문이나 진술이 어떤 목적과 상황에 해당하는지 해석한다. 질문이 문제 해결, 감정 탐색, 관계 반응, 결정 등 어떤 영역에 해당하는지 판단한다.
2. 2단계. 내재 성향과의 매핑: 행동 의도가 파악되면, 해당 상황에서 어떤 성향이 작동할 가능성이 높은지를 분석한다. 예를 들

어 '계획이 틀어졌을 때의 반응'을 묻는 질문에서는 실행 중심성, 책임감, 회복력, 스트레스 감수성 같은 성향이 주요하게 작용한다. 이 과정에서는 고객의 성향 점수와 해석 기준을 바탕으로 대응 경향을 유추한다.

3. 3단계. 행동 예측: 성향과 상황이 결합되면, 고객이 보일 가능성이 높은 말과 행동, 선택 기준, 회피 반응 등을 예측한다. 예측은 고객이 자주 사용할 말투, 주의 깊게 고려할 조건, 무의식적으로 피하려는 태도 등을 포함할 수 있다.

4. 4단계. 전략 제안: 마지막 단계에서는 해당 행동 패턴이 가지는 강점과 주의점을 요약하고, 그에 맞는 전략을 제안한다. 예를 들어 어떤 고객은 책임감과 실행력이 뛰어나지만, 에너지 관리가 부족해 금방 소진될 수 있다. 이 경우에는 "계획 이행에만 몰두하지 말고, 회복을 위한 여백도 함께 설계하는 전략"을 제안할 수 있다.

성향 기반 유형 분류의 보조 작동

추가적으로 AI-트윈 모델은 고객의 성향 조합을 바탕으로 그 사람이 어떤 성향 중심 그룹에 속하는지를 자동으로 분류할 수 있다. 예를 들어, 실행중심성, 책임감, 자기효능감이 모두 높은 고객은 '행동 중심형'으로 분류되며, 이는 예측 응답에 자연스럽게 반영된다.

이러한 유형은 다음과 같은 여섯 가지 그룹으로 구분된다.

1. 기획 중심형
2. 행동 중심형
3. 관계 중심형
4. 성찰 중심형
5. 변화 중심형
6. 안정 중심형

이 분류는 응답마다 '이 고객은 행동 중심형의 경향이 강하다'라는 식으로 요약되어 제시될 수 있으며, 고객 스스로 자신의 중심 성향을 자각하는 데 중요한 단서가 된다. 이러한 초기 예측은 고객이 이 예측을 지지하거나 방어하는 기제로 작용하면서 자신을 설명하는 안전한 공간 속으로 빠르게 진입할 수 있다.

코치는 자신의 전문 영역을 반영하여 예측 응답에 사용되는 구조를 사진에 설계힐 수 있다. 예를 들면 위의 여섯 가지 유형 대신에 감정표현만을 대상으로 그룹핑할 수 있도록 설정하여 자신의 코칭 흐름에 대처할 수 있게 한다.

AI-트윈 만들기 – 준비와 설계 구조

AI-트윈을 효과적으로 만들기 위해서는 심리적, 구조적, 환경적 준비가 필요하다. 이 시스템에서는 개인의 성향 데이터를 신중하게 수집하고, 일관되게 해석할 수 있는 틀이 마련되어야 한다.

1. 내재 성향 수집: 고객의 내재 성향 데이터는 일반적으로 35개 내외의 심리적 성향 항목으로 구성되며, 각 항목은 개인의 사고, 감정, 행동, 대인관계, 가치, 회복력, 변화 대응 등 다양한 차원을 포괄한다. 각 성향은 1~5점의 수치와 간단한 설명 문장으로 구성된다. 예를 들어 "자기효능감 5점은 어떤 도전이든 결국 내가 해낼 수 있다고 강하게 믿는다."와 같은 형식이다. 이렇게 수치와 서술이 함께 있는 데이터는 트윈이 정성적 해석과 정량적 판단을 동시에 할 수 있게 해준다.

2. 프로젝트 단위의 분리: AI-트윈은 프로젝트 단위로 개별화하며, 한 명의 고객마다 고유한 프로젝트를 생성하고, 해당 프로젝트 안에만 성향 데이터, 지침, 질문 응답 기록이 저장되도록 설계한다. 이 구조는 트윈이 데이터를 혼동하지 않게 하며, '이 고객만 기억하고 응답하는 구조'를 만들기 위한 전제 조건이다.

3. 지침 문서의 설계: 트윈이 어떻게 질문에 응답해야 하는지를 안내하는 지침Prompt Guide 문서는 필수적이다. 지침에는 응답의 스타일, 예측 과정의 구조, 사용이 가능한 정보 범위, 금지 사항,

유형 분류 방법 등이 포함된다. 지침을 설계할 때 가장 중요한 원칙은 응답이 항상 동일한 구조를 따르도록 만드는 것이며, 이를 통해 질문이 반복되더라도 응답이 일관되게 축적되어 자기 인식이 가능해진다.

AI-트윈 설계 구조

AI-트윈의 설계는 다음과 같은 기본 구조를 따른다.

1. 프로젝트 폴더 구조: 트윈의 구성 요소는 프로젝트 폴더 하나에 모두 모인다. 예시적으로 다음과 같은 파일 구조를 사용할 수 있다.
    A. 프로젝트_코드명
    B. 고객_내재 성향
    C. 지침
    D. 질문_응답기록
    E. 고객_입력_질문

    이 구조는 기술 도구와 상관없이 어떤 환경에서도 응답 흐름을 유지하는 데 도움이 된다.
2. 질문 입력 방식: 고객은 자신에게 떠오르는 질문을 자유롭게 입력한다. 예를 들어 "나는 왜 중요한 일을 자꾸 미루게 될까?" 혹

은 "동료가 나를 무시할 때 나는 어떤 식으로 반응할까?"와 같은 자기 관찰형 질문이 대표적이다. 트윈은 이러한 질문을 입력받으면, 해당 고객의 성향 데이터를 기반으로 행동 예측을 수행하고, 항상 같은 방식(4단계 구조)으로 응답을 생성한다.

3. 4단계 예측 구조: 트윈의 모든 응답은 다음의 구조를 따른다.

   A. 행동 의도 이해: 질문이 어떤 목적, 어떤 상황 맥락에 해당하는지를 해석

   B. 성향 매핑: 해당 질문과 관련된 성향 항목을 추출하고, 고객의 점수 기반으로 해석

   C. 행동 예측: 고객이 어떤 말, 행동, 반응을 보일 가능성이 높은지를 구체적으로 설명

   D. 전략 제안: 강점과 주의점을 기반으로, 어떤 전략이 도움이 될 수 있을지 제안

   이 구조는 질문 내용이 달라지더라도 일관된 응답 형식을 유지하도록 해주며, 고객은 이 반복 속에서 자기 행동의 공통점과 변화 가능성을 자각하게 된다.

4. 유형 기반 해석의 보조 출력: 트윈은 고객의 전체 성향을 분석해, 그 사람이 기획 중심형, 행동 중심형, 관계 중심형, 성찰 중심형, 변화 중심형, 안정 중심형 중 어떤 유형에 가까운지를 함께 제시할 수 있다. 이 유형은 응답 말미에 자연스럽게 삽입되어, 사용자가 자신의 질문과 행동 예측이 어떤 성향 기반에서 비롯된 것인지를 스스로 추론할 수 있게 해준다.

10. 지침

지침의 역할과 필요성

AI-트윈 모델이 예측과 해석을 일관되게 수행하려면, 그 판단의 틀이 되는 지침 문서Prompt Guide가 반드시 필요하다. 지침은 코치의 전문성에 의해 설계되며, 트윈이 지켜야 할 원칙이면서 윤리 규범이다. 지침은 고객의 성향 데이터를 바탕으로 어떤 방식으로 행동을 해석할 것인지, 어떤 형식으로 응답을 구성할 것인지를 결정한다.

지침은 트윈의 방향성과 일관성을 확보하는 핵심 요소로 작용한다. 특히 생성형 AI와 협업하는 환경에서 사람과 AI가 동일한 목표를 향해 효율적으로 작업할 때 어떤 가치와 원칙을 바탕으로 판단하고 대응할 것인지에 대한 기준을 제공한다.

지침은 또한 변화에 유연하게 대응하면서도 핵심 목적을 잃지 않고 예측가능한 결과를 도출하게 한다. 지침의 부재는 시스템의 일관성과 신뢰도를 해칠 수 있다. 특히, 동일한 고객이 여러 번 질문을 던졌을 때 매번 응답 구조가 달라진다면, 고객은 자신의 패턴을 인식할 수 없게 된다. 따라서 지침의 존재는 반복성과 자기 인식이라는 AI-트윈의 핵심 기능을 가능하게 하는 전제 조건이라 할 수 있다.

지침 문서의 구성 항목

지침에는 핵심 원칙과 실행 기준이 명확하게 제시되어야 한다. 판단과 실행의 기준이 되는 사항, 역할과 책임에 대한 정의를 제시함으로써 실효성 있는 모델로 작동할 수 있게 된다. 일반적으로 지침은 다음의 내용을 포함한다.

1. AI-트윈의 목적 정의: 트윈이 어떤 철학과 역할을 가지고 있는지를 서술한다. 예: "AI-트윈은 내재 성향을 기반으로 자기 인식을 돕는 AI 코칭 동반자입니다."
2. 정보 사용 범위 명시: 트윈은 현재 프로젝트에 첨부된 성향 데이터, 지침, 기록만을 참고하며, 다른 고객의 데이터를 참조하지 않는다는 점을 명확히 한다. 이 원칙은 개별성 보호와 개인화된 해석을 위한 핵심 규칙이다.
3. 예측 흐름 구조 안내: 입력된 질문을 해석하고, 내재 성향과 연결하여 행동을 예측한 뒤, 전략을 제안하는 4단계 구조를 정의한다. 각 단계마다 예시 문장과 해석 기준이 함께 포함된다.

4. 언어 스타일 지시: 응답은 매끄러운 한글 문장으로, 전문 용어보다는 쉽게 이해할 수 있는 방식으로 구성하도록 지시한다.
5. 유형 해석 포함 여부: 전체 성향 조합을 바탕으로 고객의 주요 성향 그룹을 예측하여 응답 말미에 포함시킬지를 결정한다.
6. 기타 응답 예외 처리 기준: 질문이 4단계 구조에 맞지 않을 경우 상황 진단, 성향 추출, 갈등 분석, 통합 조언 등 대체 흐름을 어떻게 사용할 것인지 안내한다.

응답 스타일 설계

지침은 단순히 '무엇을 말할 것인가'를 정하며 동시에 '어떻게 말할 것인가'를 설계하는 도구이다. 응답은 고객이 자신을 관찰할 수 있도록 도와야 하기 때문에 다음의 원칙을 지켜야 한다.

1. 고객의 내재 성향을 항상 근거로 삼는다.
2. 추상적 해석보다 구체적 설명을 우선한다.
3. 해석의 어조는 따뜻하고 객관적으로 유지한다.
4. 질문이 불분명할 경우, 고객의 성향을 기반으로 의도를 추론해 해석한다.
5. 고객이 반복해서 질문해도 응답은 같은 구조로 누적되도록 한다.

만약 지침에서 '공감과 신뢰회복을 우선한다'라는 원칙이 명시되어 있다면, 그에 따라 다양한 방식의 응답이 가능해진다. 이는 정해진 답을 고수하는 것이 아니라 정해진 기준에 따라 창의적이고 적절한 응답을 구성할 수 있도록 지시하는 구조이다. 따라서 지침은 코치의 전문성을 기반으로 고객의 사고와 행동에 방향성을 부여하면서 대응하도록 설계할 수 있다.

다양한 상황에 대해 어떻게 응답할 것인가를 설계할 때 예측 불가능한 환경에서도 일관된 대응을 하도록 함으로써 고객이 스스로 자신의 패턴을 자각하고, 다음 코칭 대화에서 핵심 주제를 스스로 발견하게 하는 심리적 거울 역할을 수행해야 한다.

지침 구성은 코치의 전문 영역에 따라 달라진다

지침의 구성은 지침을 설계하는 코치의 관점, 경험, 전문성에 따라 다양하게 나타난다. 같은 주제를 다루더라도, 누군가는 절차 중심으로 접근하고, 또 다른 코치는 가치 중심이나 상황 대응 중심으로 설계할 수 있다. 지침은 단순한 매뉴얼이라기보다는 설계하는 코치의 사고방식과 전문적 판단이 반영된 구조적 표현물이다. 지침은 정답이 정해진 고정된 문서가 아니고, 코치가 자신의 고객 특성과 맥락에 맞춰 의미 있게 구성해야 한다.

따라서 살아있는 기준 체계라고 할 수 있는 지침은, 코치의 전문성과 특장점을 담아 고객과 공유하게 된다. 고객이 코치가 전달해주는 지침을 자신의 플랫폼에 업로드하는 과정은, 단순한 공유가 아니라 코치의 전문성을 드러내는 행위가 된다. 어떤 원칙을 중시하는지, 어떤 흐름을 추천하는지, 어떤 상황에 민감하게 대응하고자 하는지 모두 지침의 언어와 구조에 스며들어 있다.

이처럼 지침은 코치의 경험, 철학, 문제 해결 방식이 응축된 결과물이며, 그 자체로 신뢰도와 전문성을 전달하는 수단이 된다. 지침은 단지 참고용 문서가 아니라 실행과 응답을 이끄는 고유한 설계 결과물이며, 그 품질과 완성도는 설계자인 코치의 통찰력에 의해 좌우된다. 따라서 지침을 고객과 공유한다는 것은 계약에 따른 신뢰의 근간이 된다. 고객과의 신뢰 관계가 구축되기까지는 1차적인 지침을 제공하고, 향후 보다 정밀한 설계가 담긴 지침으로 업그레이드하는 것도 고려할 수 있다. 5회기 코칭, 20회기 코칭 혹은 장기 코칭 등 코칭 설계에 따라 지침의 구성을 달리하는 것도 고려할 사항이다.

코치 유형에 따른 AI-트윈 지침 설계 가이드

지침은 코치의 철학을 반영하는 '해석의 렌즈'다. AI-트윈은 데이터를 해석하는 도구인 동시에, 그 해석은 코치가 어떻게 현상을 바라보느냐에 따라 달라질 수 있다. 따라서 트윈의 응답이 단순히 '예측'에 머무르지 않고, 코치의 질문 철학, 대화 방식, 개입 전략과 정렬되기 위해서는 각 코치가 자신의 전문성을 고려하여 지침 설계에 구조적으로 접근해야 한다. 지침이란 결국 트윈이 '무엇을 어떻게 말하게 할 것인가'를 규정하는 것이며, 이는 코칭 방법론의 철학에 따라 다양화되어야 한다.

코칭의 세계는 매우 다양하다. 라이프 코칭, 진로설계 코칭, 감정 코칭, 리더십 코칭 등 각 코칭 분야는 각기 다른 철학과 질문의 흐름, 해석의 언어, 전략 제안의 관점을 가진다. 코칭의 접근 유형도 다양하다. 게슈탈트 코칭, 내러티브 코칭, 해결중심 코칭 등 방향성에 따라서 AI-트윈을 만들 때 사용하는 지침은 맞춤형으로 설계되어야 한다. 예를 들면 다음과 같은 방향성이 가능하다.

- 코액티브 코칭 기반 지침: "사람은 본래 창의적이고 자원으로 가득하다."라는 전제를 반영하여 고객의 자율성과 선택을 존중
- 시스템 코칭 기반 지침: 관계망 속 상호작용과 패턴을 중시하므로 "개인의 말보다는 관계 안의 움직임을 관찰한다." 혹은 "부분이 아닌 전체를 바라보는 언어로 응답" 등의 체계적 관점을 지향
- 게슈탈트 코칭 기반 지침: 지금-여기의 생생한 경험에 주목하여 감각적 언어를 사용하거나 고객의 현존을 따라가며 묘사하는 방식
- 해결중심 코칭 기반 지침: 과거보다는 미래를 향해, 문제보다 예외를 찾고 강화하는 실행중심 언어가 중심이 되어 질문구조와 개입 흐름에 반영
- 내러티브 코칭 기반 지침: 이야기를 해체하고 재구성하는 작업을 감안하여 현재 서사의 언어를 포착하고 고객의 새로운 가능성을

표현하도록 여지를 만드는 것을 중시
- 인지행동 코칭 기반 지침: 사고-감정-행동의 연결 구조를 명확히 하고자 자동적 사고, 신념 탐색, 실험계획 수립 중심의 인지구조 중심 설계를 표현
- 긍정심리 코칭 기반 지침: 긍정적 핵심과 강점을 표현하도록 기존 잘 작동한 경험과 긍정 가능성 중심의 설계
- 실존중심 코칭 기반 지침: 의미, 선택, 책임에 주목하고 고객이 자기선택의 본질에 마주하도록 하고, 불확실성은 피하지 않고 함께 머물도록 설계

이처럼 지침은 코칭 접근법의 철학을 언어화하고, 실행 흐름을 반영하는 구조물로 작동한다. 코치가 자신의 설계자로서의 이론적 기반과 실천 전문성이 반영되도록 구조화함으로써 자신의 코칭 이론이 현장에서 어떻게 작동하는지를 구체적 실행 구조로 보여주게 된다.

코치들이 자신의 경험과 철학을 반영하여 자신만의 트윈 지침을 구성하고, 서로 그 방식을 나누고 협력하는 생태계로 성장하게 하는 영역이다. 여기에서 AI-트윈 모델은 기술이 아니라 코치의 질문력을 확장하는 도구이며, 그 가능성은 코치마다 다른 방향으로 펼쳐질 수 있다는 것을 전제로 한다.

[표 10.1] 지침 설계에서 조정 가능한 핵심 항목(예시)

항목	설명	조정 가능 예시
예측 구조 단계	4단계 고정 구조 or 내러티브 순서 구성	예: 상황 → 해석 → 의미 → 통합
응답 어조와 문체	해설형/질문형/은유형/분석형 등	예: "~일 가능성이 큽니다" vs. "혹시 이런 맥락 아닐까요?"
중심 개입 시점	성향 해석 중시/감정 해석 중시/관계 구조 해석 중시	예: 시스템 코칭은 관계 구조 강조
강점-주의점 구성 방식	기능적 전략 중심/의미 중심/패턴 중심	예: 내러티브형은 '이야기 구조' 중심
출력 스타일	요약형/서술형/대화형/행동설계형	예: ADHD 코칭은 구체적 루틴 중심

지침 설계는 고정된 형식이 아니라 응답의 구조와 어조, 개입 시점, 전략구성 방식, 출력 형태 등 코치가 코칭 설계 과정에서 조정할 수 있는 유연한 프레임을 지닌다. 예측구조 단계, 응답 어조와 문체, 중점적으로 개입할 시점에 중요하게 다뤄야 할 것과 구성에서의 주의점, 출력 스타일 등은 일률적으로 작성하기보다는 고객의 특성과 코칭접근법에 따라 맞춤형으로 설계할 수 있다. 이와 같은 항목들에서 코치의 이론적 관점과 실천 방식이 자연스럽게 드러나게 된다.

코칭 접근 유형별 지침 설계 예시

내러티브 코칭형

핵심 렌즈: 사람은 이야기로 자신을 구성한다.

지침 포인트:

- 성향 해석은 '당신이 살아온 이야기의 일부분으로' 서술
- 반복되는 단어(예: 책임, 침묵)를 '핵심 서사어'로 다룬다
- 예측 구조는 '과거 이야기 → 현재의 선택 → 미래 재구성'의 흐름을 따른다.

해결중심 코칭형

핵심 렌즈: 변화는 문제보다 해답에 집중할 때 생긴다.

지침 포인트:

- 질문이 '문제 중심'이라도 응답은 '예외 상황, 가능성, 소자원' 중심으로 변환
- 성향 해석도 "이런 상황에서 당신은 이런 방식으로 잘 해낸 경험이 있습니다." 형태로 구성
- 4단계 중 '전략 제안'을 가장 강조

아들러 심리코칭형

핵심 렌즈: 인간은 사회적 존재, 소속감과 기여감이 핵심동기이다.
지침 포인트:
- '행동 예측'은 타인과의 관계 속에서 설명
- '전략 제안'에서는 공동체 감각 회복을 위한 활동 제안 포함
- 낮은 자기신뢰나 인정욕구 과잉을 '소속의 방식'으로 해석

정신역동 코칭형

핵심 렌즈: 무의식적 갈등과 반복된 감정 반응 패턴에 주목
지침 포인트:
- 반복적 행동 예측은 '방어기제', '투사', '회피'로 해석
- 감정표현성, 대인신중성, 스트레스 감수성과 연결
- 응답 중 은유 사용을 허용(예: "감정을 감추는 갑옷을 입고 계십니다.")

시스템 코칭형

핵심 렌즈: 개인의 행동은 관계 시스템 내에서 발생한다
지침 포인트:
- 질문의 배경을 개인-타인-조직 간 구조로 나눠서 해석

- 성향 해석도 '조직 내 위치, 팀 내 동역학' 맥락 포함
- 전략 제안은 '관계 패턴 재설계'에 초점

ADHD·실행 기능 코칭형

핵심 렌즈: 주의조절, 계획, 실행력의 구조 설계 필요

지침 포인트:

- 실행중심성, 에너지관리, 감정조절, 우선순위 설정성향과 밀접
- 예측은 '주의 분산 상황에서의 반응 패턴' 중심
- 전략 제안은 반드시 '루틴화, 시간 구조화, 자극 차단' 등 구체 실행 전략 포함

인지행동 코칭형

핵심 렌즈: 생각–감정–행동의 연결고리 탐색

지침 포인트:

- 행동 예측은 자동 사고(비합리적 신념)와 연결
- '감정조절–자기신뢰–불안민감성' 조합이 중요
- 전략 제안은 인지도식 재구성 문장 포함

팀/그룹 코칭형

핵심 렌즈: 구성원 간 상호작용 패턴, 역할 분담, 팀문화

지침 포인트:

- 팀 내에서의 고객 성향 발현 방식 시뮬레이션
- 갈등 회피, 대인신중성, 외향성, 공감성 등을 팀 역할 관점에서 해석
- 전략 제안은 '집단 내 행동 조정' 중심

지침 설계 자기질문 예시

- 나는 이 고객의 패턴을 어떤 렌즈로 해석하는가?
- 내가 사용하는 코칭 방법은 어떤 언어와 논리를 선호하는가?
- 어떤 방식으로 응답할 때 나의 개입이 자연스러워지는가?
- 어떤 구조가 고객의 성장을 가장 잘 지원할 수 있는가?

[예시] 커리어 코칭 관점의 AI-트윈 지침 설계 – 계층별 접근

커리어 코칭의 핵심 렌즈

커리어코칭은 단지 직무 역량을 높이는 데 머무르지 않는다. 그보다는 한 사람이 조직 안에서 어떤 자기정체성과 역할 의식을 가지고 성장해 가는지 조망하며, 그 사람의 내재 동기, 업무 태도, 대인관계, 리더십 발현 양식을 통합적으로 다룬다.

AI-트윈을 커리어 코칭에 적용한다는 것은, 각 개인이 자신의 업무 맥락 속에서 반복되는 행동 패턴을 인식하고, 그 패턴이 직무 성장, 관계 형성, 의사결정, 리더십 전환에 어떤 영향을 주는지를 분석하고 설계하는 작업이 된다.

계층별 성장 포인트와 지침 설계 방향

AI-트윈은 계층에 따라 지침 설계의 관점이 달라져야 한다. 각 계층에서 요구되는 역할 변화, 심리적 과제, 리더십 스타일, 실행 패턴이 다르기 때문이다. 다음은 주요 조직 계층별로 추천되는 지침 설계 포인트다.

신입사원
  1. 주요 과제: 자기 확립, 관계 적응, 업무 루틴 형성
  2. 성향 해석 중심: 실행중심성, 자기조직화, 감정표현성, 대인신중성, 인정욕구
  3. 예측 흐름 강조점: '상황에 대한 정서 반응'과 '행동 실천 간의 간극'
  4. 전략 제안 방향:
     - 피드백 수용력 높이기
     - 감정 다루기와 관계 적응 훈련
     - 실천 루틴 설계
  5. 응답 문체 예시:
     - "지금의 망설임은 새로운 환경에서 자신의 방식이 받아들여질지에 대한 걱정으로 보입니다."

중간관리자
  1. 주요 과제: 위-아래 연결, 리더십 정립, 갈등 조율
  2. 성향 해석 중심: 책임감, 갈등회피성향, 감정조절, 외향성, 체계적 사고
  3. 예측 흐름 강조점: '중간 위치에서 생기는 긴장감에 대한 반응'
  4. 전략 제안 방향:
     - 갈등 관리 전략 설계
     - 팀원과의 신뢰 구축을 위한 감정 표현 방식 조율
     - 위계적 압박 속 자기보존 전략

5. 응답 문제 예시:
- "조직적 책임과 인간적 갈등 사이에서 중립을 지키려는 노력이 보입니다. 이 균형이 오히려 리더십을 약화시키는 요인일 수 있습니다."

임원

1. 주요 과제: 전략적 사고, 영향력 확장, 자기 리더십
2. 성향 해석 중심: 미래지향성, 자기효능감, 가치중심성, 진정성, 변화수용성
3. 예측 흐름 강조점: '의사결정의 기준과 정체성 간 충돌'
4. 전략 제안 방향:
   - 비전 중심의 메시지 설계
   - 내면 가치와 외부 전략 간 정렬
   - 권한 위임과 신뢰 설계
5. 응답 문제 예시:
   - "당신의 판단은 전략적으로 옳지만, 신심이 담기지 않았다는 내면의 저항을 느끼고 계신 듯합니다."

대표/경영자

1. 주요 과제: 정체성과 조직문화 간 일치, 상징적 리더십, 고독의 경영
2. 성향 해석 중심: 자기신뢰, 독립성, 진정성, 감정조절, 직관적 통찰

3. 예측 흐름 강조점: '고립된 책임 속 내면 판단과 인간적 외로움 사이의 균형'
4. 전략 제안 방향:
   - 조직에 전이되는 감정 관리
   - 인간적 리더십 언어 설계
   - 외적 비전과 내적 감정의 통합
5. 응답 문체 예시:
   - "혼자 결정해야 하는 상황이 반복되며, 당신은 더 깊은 내면 감정과의 조율을 통해 리더십을 표현하려 합니다."

코칭 설계: 지침

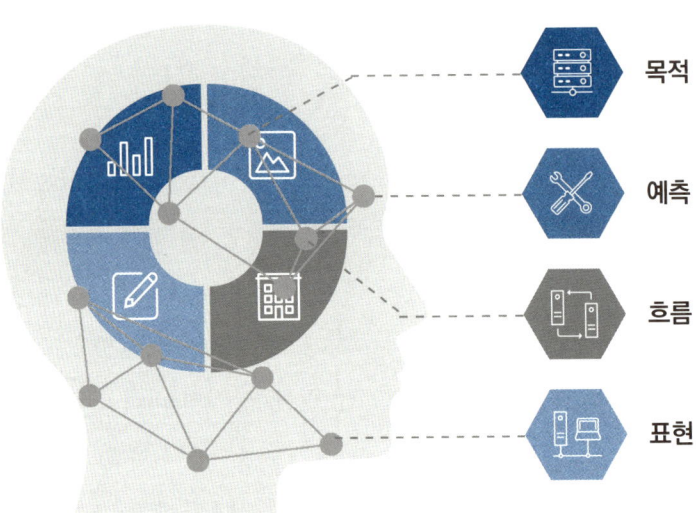

설계 팁: 커리어코칭 지침 구성

1. 고객의 현재 조직에서의 계층은?: 직무-관계-리더십 과제가 무엇인가?
2. 고객의 성향에서 가장 높은/낮은 항목은?: 그 성향이 지금 계층의 역할 수행에 어떤 영향을 주는가?
3. 트윈 응답의 중심 톤은 어떻게 잡을 것인가?: 실천 촉진형? 감정 인식형? 정체성 해석형? 관계 조율형?
4. 전략 제안은 실행적/정서적/의미 중심 중 어디에 초점을 둘 것인가?: 현재 고객의 성장 모멘텀이 어디에 있는가?

AI-트윈의 지침은 커리어 코칭의 층위별 과제와 정렬되어야 하고, 각 계층이 직면하는 현실적 긴장과 내면 자원을 반영해야 효과적인 예측과 질문이 가능하다. 또한 각 계층의 질문은 그 시기의 과제, 정체성, 책임 구조에 따라 다르기 때문에, 트윈의 응답도 지침에서 이를 감안해야 한다. 예를 들어, 임원을 위한 질문에 트윈이 "가치중심성과 진정성이 강한 고객은 조직 논리보다 개인 철학이 흔들릴 때 더 큰 스트레스를 경험합니다."라는 식의 해석을 할 수 있다.

[표 10.2] 계층별 질문 리스트 + 성향 대응(예시)

계층	대표 질문	주요 관련 성향
신입사원	"일을 잘하고 싶은데, 어디서부터 시작해야 할지 모르겠어요."	**목표지향성**, 자기조직화, 실행중심성, 자기효능감
	"실수하면 상사가 나를 무능하게 볼까 봐 걱정돼요."	**인정욕구**, 불안민감성, 감정조절, 자기신뢰
	"조직 안에서 내 목소리를 내도 괜찮은 걸까요?"	**감정표현성**, 대인신중성, 외향성, 자기신뢰
중간관리자	"위에서는 내려오고, 아래에서는 버티고… 나는 어디에 서 있는 걸까요?"	**책임감**, 갈등회피 성향, 체계적 사고, 감정조절
	"팀원과 소통하려고 하지만 자꾸 거리가 느껴져요."	**공감성**, 외향성, 대인신중성, 감정표현성
	"조직의 변화를 내가 끌고 갈 수 있을까요?"	**변화수용성**, 자기효능감, 불확실성 포용력, 자기신뢰
임원	"내가 결정하는 방향이 정말 옳은 건지 스스로도 확신이 안 들어요."	**자기신뢰**, 예측 선호, 진정성, 가치중심성
	"나와 조직이 원하는 방향이 엇갈리는 것 같아요."	**진정성**, 체계적 사고, 불확실성 포용력, 성찰성
	"이제는 실행보다 영향력을 더 고민해야 할 때인 것 같아요."	**자기효능감**, 외향성, 독립성, 직관적 통찰
대표/경영자	"모두가 나를 바라보고 있지만, 나는 점점 혼자라는 생각이 들어요."	**감정조절**, 자기신뢰, 독립성, 감정표현성
	"조직을 위한 판단과 나 자신의 신념 사이에서 혼란스러워요."	**가치중심성**, 진정성, 체계적 사고, 심층사고
	"지금의 나는 리더인가, 관리자인가?"	**자기신뢰**, 리더십, 성찰성, 우선순위 설정력

계층별 성향 조합별 트윈 응답 샘플

신입사원 유형

- 질문: "회의에서 의견을 말하고 싶은데, 주저하게 되는 이유는 뭘까요?"
- 주요 성향 조합: 감정표현성 2, 대인신중성 5, 인정욕구 4
- 트윈 응답 예시:
  ① 1단계. 행동 의도 이해: 이 질문은 조직 내에서의 자기표현을 시도하려는 상황에서, 사회적 승인과 감정 노출에 대한 불안을 내포하고 있다.
  ② 2단계. 성향 매핑: 이 고객은 감정표현성이 낮고 대인신중성이 높기 때문에, 말하기 전 여러 번 머릿속에서 시뮬레이션하며 적절성과 반응을 계산하는 경향이 있다. 동시에 인정욕구가 높은 편이라, '괜히 말해서 감점되지 않을까'라는 불안이 강하게 작용할 수 있다.
  ③ 3단계. 행동 예측: 따라서 이 고객은 말을 하기 직전까지 망설이며, 말하더라도 적극적인 의견 개진보다는 방어적인 표현을 선택할 가능성이 높다. 논리적 틀에 맞춰 말하려 하며, 개인적 감정을 배제하려 노력한다.
  ④ 4단계. 전략 제안:
    ° 강점: 신중하고 구조화된 표현 능력은 회의에서 신뢰를 얻

는 자산이 될 수 있다.
- 주의점: 자신이 충분히 준비되지 않았다고 느끼면 발언 자체를 미루고, 나중에 후회할 수 있다.
  → 작은 질문부터 시작하는 참여 연습이 필요하며, '발언했을 때 어떤 결과가 나왔는가'에 대한 트윈 대화 피드백 누적이 도움이 될 수 있다.

중간관리자 유형

- 질문: "팀원 간 갈등을 중재하려고 하면, 왜 자꾸 감정적으로 지치게 될까요?"
- 주요 성향 조합: 공감성 4, 갈등회피 성향 4, 감정조절 3
- 트윈 응답 예시:
  ① 1단계. 행동 의도 이해: 이 질문은 조직 내 관계 갈등 상황에서 중재자로 나서려 할 때, 정서적 피로감이 생기는 경험을 설명하려는 시도이다.
  ② 2단계. 성향 매핑: 이 고객은 공감성이 높아 타인의 감정을 쉽게 읽고 동조하며, 동시에 갈등회피 성향도 있어 직면보다는 회피와 중재를 통해 상황을 완화하려 한다. 감정조절력이 중간 수준이기 때문에, 감정을 읽고 나름대로 조절하려 하지만 쉽게 소진될 수 있다.
  ③ 3단계. 행동 예측: 이 고객은 팀원들 간의 긴장을 해소하려

고 할 때, 자신의 감정은 억제한 채 타인의 감정에 반응하며 중재자 역할을 과도하게 수행할 가능성이 높다. 결과적으로 에너지가 급격히 소진되고, 스스로 피로함과 무력감을 느끼게 될 수 있다.

④ 4단계. 전략 제안:
- 강점: 갈등 상황에서 감정을 매개로 분위기를 조율할 수 있는 능력은 리더십의 중요한 자질이다.
- 주의점: 중재를 '자신이 떠맡아야 하는 일'로 받아들일 경우, 반복적으로 정서적 탈진이 발생할 수 있다.
  → 갈등에 접근할 때 '중재자 역할'이 아니라 '조건 설계자'로서의 역할을 정립하고, 감정적 개입보다는 구조적 회복 프로토콜을 활용하는 것이 도움이 된다.

임원 유형

- 질문: "지금의 조직 방향이 옳다고 생각하면서도, 마음 한 켠이 불편한 이유는 뭘까요?"
- 주요 성향 조합: 진정성 4, 가치중심성 4, 자기신뢰 5
- 트윈 응답 예시:
  ① 1단계. 행동 의도 이해: 이 질문은 조직의 전략적 방향과 개인의 신념 사이에서 내면적 불일치 또는 가치 갈등이 발생하는 상황을 반영한다.

② 2단계. 성향 매핑: 이 고객은 진정성과 가치중심성이 모두 높은 편이며, 자기신뢰 역시 강하다. 따라서 외부의 판단보다는 자신의 가치 체계에 기반해 행동하려는 경향이 있다. 조직 방향이 논리적으로 타당하더라도, 자신의 '정체성에 맞는가'라는 기준에서 판단이 갈릴 수 있다.

③ 3단계. 행동 예측: 이 고객은 전략적으로는 협조하지만, 내면적으로 이견이나 불일치를 품고 있을 가능성이 높다. 그 불편함은 단순한 감정이 아니라, 정체성과 비전 간 충돌에서 오는 '소음'일 수 있다.

④ 4단계. 전략 제안:
   ○ 강점: 신념과 전략을 통합해내려는 진정성은 조직 리더십의 품격을 높여준다.
   ○ 주의점: 내면의 충돌을 표현하지 않고 억제할 경우, 후속 의사결정이나 메시지 전달 시 혼선을 줄 수 있다.
      → 지금의 불편함이 구체적으로 '어떤 가치에서 비롯된 것인지' 트윈에 반복 질문을 던져 명확히 하고, 그 가치를 조직 내 언어로 어떻게 번역할 수 있을지 코칭 세션에서 다루는 것이 효과적이다.

대표/경영자 유형

• 질문: "중요한 결정을 앞두고도, 이상하게 요즘은 결정 내리는

게 두렵습니다."
- 주요 성향 조합: 자기신뢰 5, 독립성 5, 불확실성 포용력 4, 감정조절 4
- 트윈 응답 예시:

    ① 1단계. 행동 의도 이해: 이 질문은 일반적으로 자신감 있게 판단해온 리더가, 특정 상황에서 내면적으로 동요하거나 '심리적 불확실성'을 경험하는 상황을 반영한다.

    ② 2단계. 성향 매핑: 이 고객은 자기신뢰와 독립성이 매우 높아, 평소에는 외부 피드백보다 내면의 기준에 따라 결정한다. 그렇지만 최근 감정조절이 균형을 잃거나, 누적된 피로와 외부 압력의 그림자가 감정에 영향을 주는 시점일 가능성이 있다.

    ③ 3단계. 행동 예측: 이 고객은 겉으로는 단호하지만, 내부적으로는 '지금의 판단이 예전만큼 명확하지 않다'라는 낯선 감각을 경험 중이다. 이는 단순한 불안이 아니라, 심리적 소진 또는 가치 판단력의 리셋이 필요한 시기일 수 있다.

    ④ 4단계. 전략 제안:
    ◦ 강점: 내면 기준에 대한 신뢰는 강한 리더십의 기반이며, 그 신뢰를 잃지 않으려는 자각 자체가 이미 성숙한 리더십의 징후이다.
    ◦ 주의점: 판단력이 흔들리는 것이 아니라, '판단해야 할 기준이 변화한 것'일 수 있다.

→ 지금의 고민을 '결정력의 상실'이 아닌 '내면 기준의 재정렬 시기'로 해석하고, 과거와 지금의 판단 기준이 어떻게 다른지를 명확히 해보는 탐색이 유용하다.

11. 고객의 자기 탐색 경로

AI-트윈은 고객의 내면을 데이터로 옮겨 놓은 '또 하나의 '나', 혹은 객관적인 자기 거울이다. 트윈은 고객이 스스로에게 던지는 질문에 대해, 어떻게 생각하고 어떻게 행동할지를 예측해준다. 이 과정은 남이 주는 답을 따르는 것이 아니라, 자신의 반복되는 반응 속에서 무엇을 바꿔야 할지를 발견해가는 여정이다.

우리는 평소 바쁘게 살아가면서 내면의 감정, 생각, 선택 방식을 깊이 들여다보지 못한다. 트윈과의 대화는 자신의 사고방식과 행동 반응을 일정한 틀로 보여주기 때문에, 내가 나를 해석하는 경험을 가능하게 해준다.

특히 트윈은 자신의 내재 성향 데이터를 기반으로 만들어졌기 때문에, 남과 비교하지 않고 자신의 경향성만을 기준으로 말해준다.

이로 인해 자기비판이나 회피보다는, 자기이해와 자기연결의 시선에서 자신을 마주할 수 있게 된다.

반복되는 자기 탐색에서의 패턴

트윈은 일회성 예측이 아니다. 중요한 건 내가 반복해서 던지는 질문과 그에 대한 응답을 통해 자신의 패턴을 관찰하고 자각하는 것이다. 예를 들어 어떤 사람은 "나는 왜 중요한 일을 자꾸 미룰까?"라는 질문을 몇 번이고 다르게 표현해 트윈에게 물어볼 수 있다. 다른 질문을 통해서도 결국은 같은 패턴을 볼 수도 있다. 매번 "책임감은 크지만, 에너지 관리가 부족할 수 있다."는 식의 해석이 반복된다면, "이게 내 고질적인 패턴이구나." 혹은 "이게 내 스트레스 요인이구나."라는 자각으로 이어지며, 이는 코칭이나 자기성장 대화에서 다뤄야 할 핵심 주제가 된다. 트윈은 자기 인식의 출발점을 열어주는 도구이다.

성장 지점을 함께 찾는 동반자

트윈을 통해 자주 다루는 주제는, 곧 자신의 삶에서 주기적으로 마주하는 과제일 가능성이 높다. 그리고 트윈은 그 과제를 대하는 고객만의 방식을 드러내 준다. 이때 중요한 것은 판단이 아니라 패턴 인식과 방향 발견이다. 트윈은 고객이 스스로를 몰아붙이지 않도록 따뜻하고 객관적인 말투로 말하며, 어떤 성향이 강점을 만들어 내는지 알려준다. 또한 주의할 부분과 회피하는 지점을 함께 보여주며, 고객이 다음 행동을 설계할 수 있도록 돕는다.

트윈은 코치를 대신하지 않는다. 오히려 코치와의 만남을 더 깊게 만들기 위한 사전 탐색의 공간이며, 자기주도적 성장의 예비 학습장이다. 따라서 코치는 고객에게 다음과 같이 권할 수 있다.

1. "자주 질문하세요. 어떤 질문이든 좋습니다. 반복된 질문은 오히려 당신의 진짜 주제를 떠올리게 해줍니다."
2. "응답을 누적해서 읽어보세요. 시간 간격을 두고 여러 번 응답을 비교해보면, 반복되는 단어와 해석의 공통점이 보입니다."
3. "강점과 주의점 모두 기억하세요. 트윈은 당신을 있는 그대로 해석합니다. 당신의 강점은 편안한 성장의 출발점이고, 주의점은 도전의 방향입니다."
4. "혼자 감당하지 마세요. 트윈을 통해 인식한 내용을 들고, 코치에게 찾아오세요. 함께 이야기하면서, 진짜 변화가 시작됩니다."

디지털 트윈 Digital Twin 개념

디지털 트윈 개념은 원래, 실제 시스템(제품, 공정, 조직 등)의 동작을 가상 공간에 복제한 모델로, 현실 데이터를 반영해 시뮬레이션과 예측을 수행한다. 이를 통해 최적의 전략을 도출하고, AI 기반의 반복 학습으로 지속해서 개선된다. 제조, 헬스케어, 스마트 시티 등 다양한 분야에서 설계·운영의 효율성을 높이는 핵심 기술로 활용된다.

12. 코치의 페르소나 분석

AI-트윈 시스템에서 고객은 스스로 질문을 던지고, 자신의 내재 성향에 기반을 둔 예측 응답을 받아보며 자기 탐색을 해나간다. 그러나 이 과정은 어디까지나 고객 혼자만의 공간이며, 코치는 그 내용에 접근할 수 없다. 이는 의도적인 설계다. 고객이 코치의 시선을 의식하지 않고 자기 생각을 자유롭게 표현하고 반복할 수 있는 '심리석 은둔지'기 필요하기 때문이다.

그러나 동시에 코치도 고객에 대해 충분히 준비되어 있어야 한다. 고객이 세션에 와서 "저는 최근 트윈에서 반복적으로 '책임은 강하지만 감정 회피가 많다'는 피드백을 자꾸 받는다."라고 이야기할 경우, 코치는 그 맥락을 빠르게 이해하고 받아들일 수 있어야 한다. 이때 필요한 것이 바로 '고객 페르소나'라는 개념이다.

고객 페르소나는 코치의 시뮬레이션 장치

고객 페르소나는 고객에게 제공한 트윈과 동일한 데이터를 기반으로, 코치가 고객을 다양한 관점에서 사전 시뮬레이션해볼 수 있도록 만든 트윈형 장치이다. 이 페르소나는 고객의 성향 데이터를 바탕으로, 다음과 같은 질문에 대해 코치가 미리 가설을 세워볼 수 있게 해준다.

1. 이 고객은 변화 상황에서 어떤 불안을 느낄까?
2. 리더직을 맡게 된다면 어떤 행동 스타일이 드러날까?
3. 과거 실패 경험이 반복될 때, 회복력은 어떻게 작동할까?
4. 협업 갈등이 생기면 이 고객은 어떤 대처 전략을 취할까?

즉, 고객 페르소나는 코치만의 트윈이자, 예측 모델인 셈이다. 이 모델링은 향후 코칭 전략 수립과 초기 대화 설계의 중요한 출발점이 된다.

데이터 수집 및 구조화

페르소나 모델링의 첫 단계는 고객이 사전 응답한 내재 성향 체크리스트 데이터를 분석하는 것이다. 이 체크리스트는 보통 35개 성향 항목으로 구성되며, 각 항목은 1~5점 척도로 고객의 자기 인식을 수치화한다. 고객에 따라 1-5척도 답안을 불편해할 수도 있다. 그런 경우에는 관련 있는 항목에 체크 표시 정도로 간략하게 진행해도 좋다. 간략한 버전의 응답도 초기 단계에서 유용한 데이터로 작용한다. 주요 분석 포인트는 다음과 같다.

1. 상위점수 영역: 고객이 강하게 의식하고 활용하는 성향(예: 성취추구, 논리적 사고)
2. 하위점수 영역: 회피하거나 과소평가된 성향(예: 위험감수, 유연성)
3. 극단적 조합: 특정 성향의 편향된 조합은 행동 양식이나 관계 방식의 단서를 제공한다.

기초 페르소나 프로파일 구성

성향 분석 결과를 바탕으로 고객의 행동 패턴과 동기구조를 추론하여 기초 페르소나를 구성한다. 예를 들어 다음과 같은 프로파일 유형이 나타날 수 있다.

1. 고성취 계획형: 목표 지향, 체계성, 책임감은 높지만 예기치 않은 변화에 불안정함
2. 관계중시 관찰형: 공감성과 타인지향성은 높으나 자기 표현과 도전성향이 낮아 수동적 경향

3. 자기주도 문제 해결형: 독립성, 분석력은 강하나 협업 및 수용성에 약점 존재

이러한 페르소나는 텍스트 형태로 정리되며, 코치만 참고하는 비공개 분석 자료로 활용된다.

코칭 설계에의 활용

모델링된 기초 페르소나는 코칭 초기 단계에서 다음과 같은 방식으로 코칭설계에 사용될 수 있다.

   1. 대화 스타일 설계: 고객이 감정 중심인지, 논리 중심인지에 따라 질문의 프레이밍을 조정
   2. 주의 신호 파악: 고객이 피하고 싶어 하는 이슈나 민감한 영역을 예측하고, 접근법을 조율
   3. 강점 활용 유도: 고객이 이미 잘 사용하는 성향을 기반으로 신뢰감과 몰입을 이끌어냄

코칭 현장에의 활용

고객 페르소나는 다음과 같은 방식으로 활용할 수 있다.

1. 사전 코칭 준비: 고객과의 세션 전, 코치는 고객의 성향 데이터를 바탕으로 예상 시나리오를 돌려볼 수 있다. 이때 사용하는 질문은 고객이 실제로 하지 않았더라도, 코치 입장에서 예상되는 갈등 상황, 성장 과제, 저지 요인을 가정해 구성할 수 있다.
2. 세션 중 관찰 보조: 고객이 트윈을 통해 얻은 자각을 세션에 가지고 올 경우, 코치는 자신이 시뮬레이션해본 반응 패턴과 비교하면서, 고객이 어떤 자각의 지점에 도달했는지 빠르게 판단할 수 있다.
3. 코칭 전략 설계: 고객의 자가 탐색이 끝나고 세션이 본격적으로 진행되면, 코치는 페르소나에서 추출한 강점-주의점 맥락을 기반으로 코칭 전략을 수립할 수 있다. 예: "이 고객은 실행은 강하지만 성찰성이 낮으므로, 실천 이후 회고 루틴을 만들어수는 전략이 효과적이다."

고객의 AI-트윈과 고객 페르소나는 연결되지 않도록 기획되었다. 고객의 실제 질문-응답 내역은 코치가 보지 못하는 상황에서, 고객 페르소나는 코치가 고객의 성향만을 기반으로 별도로 구성한 시뮬레이션이다. 이 구조는 고객의 심리적 자유를 보장함과 동시에, 코치에게는 전문적인 준비와 분석 공간을 제공한다. 양측은 서로를 침범하지 않으면서, 동시에 더 깊이 있는 대화를 준비하는 것이다.

트윈은 고객 스스로에게 던지는 질문과 예측을 통해 자기 패턴을 발견하는 공간이다. 페르소나는 코치가 고객의 경향을 미리 그려보며 대화의 맥락을 확장하는 공간이다. 이 둘은 같은 성향 데이터를 뿌리로 두고 있지만, 서로 공유되지 않으며, 완전히 독립된 사고 공간으로 운영된다. 이러한 구조는 코치와 고객이 각자의 자리에서 정교한 준비를 하되, 그 접점에서 더 깊고 진실한 대화가 일어나도록 설계된 하나의 시스템적 배려이다.

고객 페르소나는 코치가 고객을 깊이 이해하고 질문 전략을 준비하기 위해 사용하는 내재 성향 기반 시뮬레이션 도구다. 고객이 실제로 트윈을 통해 질문-응답을 수행하는 동안, 코치는 고객의 성향 데이터를 바탕으로 "이 고객이 어떤 상황에서 어떻게 반응할 가능성이 높을까?", "무엇이 이 고객의 저지 요인일까?" 등을 사전에 탐색한다. 이 장치는 고객의 질문 응답을 엿보는 것이 아니라, 코치 스스로가 고객의 성향을 해석하여 준비하는 도구라는 점에서 윤리적, 실용적으로 설계되어 있다.

고객 페르소나 시뮬레이션을 설계할 때, 코치는 고객의 성향 점수를 바탕으로 다음 여섯 가지 중심형 중 어떤 유형이 우세한지를 먼저 파악해야 한다. 각 유형은 고객의 내면세계를 해석하는 중요한 프레임이며, 코치의 질문과 개입 방향을 결정짓는 기초가 된다.

기획 중심형

1. 핵심 성향: 목표지향성, 체계적 사고, 예측 선호, 우선순위 설정
2. 경향: 명확한 계획과 구조가 있어야 움직인다. 즉흥성보다는 안정된 설계를 선호한다.
3. 주의할 점: 유연성이 떨어질 수 있고, 계획이 흐트러질 때 무력감을 느낄 수 있다.
4. 코칭 관점 질문:
   - 계획이 틀어졌을 때 감정은 어떻게 반응하나요?
   - 지금 시점에서 구조보다 흐름을 더 신뢰해볼 수는 없을까요?

행동 중심형

1. 핵심 성향: 실행중심성, 책임감, 성취 추구, 자기효능감
2. 경향: 즉시 실행하고 성과를 중시한다. 해야 할 일에 몰입하는 능력이 뛰어나다.
3. 주의할 점: 감정이나 의미 탐색을 건너뛰는 경향이 있다. 소진되기 쉽다.
4. 코칭 관점 질문:
   - 이 행동이 당신에게 어떤 의미를 남기고 있나요?
   - 멈춤 없이 달려왔을 때 놓친 감정은 없었나요?

관계 중심형

1. 핵심 성향: 외향성, 공감성, 인정욕구, 갈등회피 성향
2. 경향: 타인과의 관계에서 활력을 얻고, 인정과 소속이 중요한 동기다.
3. 주의할 점: 자기 감정보다 타인의 반응에 과도하게 영향을 받을 수 있다.
4. 코칭 관점 질문:
   - 이 선택은 당신의 진심인가요, 아니면 주변을 의식한 결과인가요?
   - 갈등을 피하려는 습관이 오히려 관계를 멀게 만들진 않나요?

성찰 중심형

1. 핵심 성향: 성찰성, 진정성, 가치중심성, 심층사고
2. 경향: 자신의 내면을 자주 되돌아보며, 깊이 있는 질문과 의미 추구를 중요시한다.
3. 주의할 점: 실행력이 약하거나 과도한 자기분석에 빠질 수 있다.
4. 코칭 관점 질문:
   - 당신이 지금 이 선택을 하는 데 있어 가장 중요하게 여긴 가치는 무엇인가요?
   - 생각은 충분히 하셨는데, 행동으로 옮기지 못한 이유는 무엇이었을까요?

변화 중심형

1. 핵심 성향: 변화수용성, 불확실성 포용력, 모험성, 자기갱신 욕구
2. 경향: 새로운 상황에서 성장하고, 도전을 통해 삶을 갱신하려는 에너지가 강하다.
3. 주의할 점: 일관성을 유지하기 어렵거나, 지나친 변화 탐색으로 중심이 흔들릴 수 있다.
4. 코칭 관점 질문:
   - 이번 변화가 당신의 내면에 어떤 성장을 가져올 수 있을까요?
   - 변화에 익숙한 당신이 지금은 멈춰야 할 순간일 수도 있지 않을까요?

안정 중심형

1. 핵심 성향: 감정조절, 회복력, 불안 민감성, 에너지 관리
2. 경향: 예측 가능하고 감정적으로 안정된 상태를 유지하려 한다. 신중함이 강점이다.
3. 주의할 점: 도전이나 불확실성을 피하려는 방어 반응이 많아질 수 있다.
4. 코칭 관점 질문:
   - 안전을 지키는 대신 놓치고 있는 건 무엇일까요?
   - 감정은 잘 조절하셨지만, 표현하지 않아도 괜찮은 걸까요?

페르소나 분석 후 코치의 준비

1. 고객의 현재 고민을 중심형 관점에서 해석한 성향 기반 리포트
2. 각 중심형에 따라 예상되는 변화 저항 포인트와 성장 기회
3. 세션에서 사용할 수 있는 중심 유형별 질문 시나리오
4. 고객의 강점을 기반으로 한 코칭 자원 요약 정리

주의사항 및 윤리적 고려

페르소나 모델링은 코칭의 사전 참고 도구일 뿐, 고객의 모든 특성을 고정적으로 판단하는 틀이 되어서는 안 된다. 실제 코칭 세션에서는 고객이 스스로 말하는 현재의 경험과 자기 인식이 최우선이다. 기초

모델은 코치가 선입견 없이 준비된 상태로 고객과 만나기 위한 잠정적 관찰 틀로 이해해야 한다.

코치의 기초 페르소나 모델링은 AI-트윈 기반 코칭의 전략적 기반을 제공한다. 이는 고객이 자신을 탐색하는 동안, 코치가 사전 데이터를 바탕으로 고객에 대한 초기 이해를 갖고, 더 정밀하고 빠르게 맞춤형 코칭 전략을 설계할 수 있도록 한다. 단, 이 모델링은 고정된 해석이 아니라 유연한 탐색 도구로 활용되어야 하며, 코칭의 본질인 '현재의 만남'을 방해하지 않는 선에서 작동해야 한다.

코칭 설계: 윤리와 기술의 균형을 위한 3대 원칙

고객과의 공모collusion가 윤리 위반이듯, AI와의 무비판적 공모도 피해야 함
→ 코치는 AI와 건강하게 협업할 수 있도록 지속해서 윤리 감수성을 점검하고, 설계 문서의 책임 소재를 명확히 해야 함

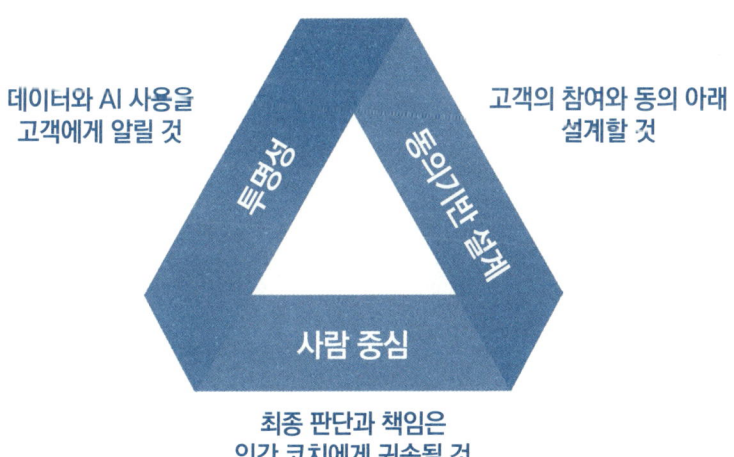

13. 병렬작업과 협업

고객은 변화의 실마리를 들고 세션에 도착한다

트윈을 반복적으로 사용한 고객은, 이제 단순한 질문 응답을 넘어서 자신이 반복하고 있는 행동 패턴, 그리고 그 패턴이 자신의 현재 삶이나 목표에 어떤 영향을 주고 있는지를 자각하게 된다. 이 자각은 고객 스스로 "이건 이제 바꿔야 할 때다."라고 느끼는 지점으로 이어진다.

고객은 세션에 들어오며, 다음과 같은 이야기들을 하게 된다.

1. "제가 자꾸 책임감에 이끌려 무리하게 일정을 감당하는데, 트윈에서도 같은 피드백이 반복되더라고요."
2. "에너지가 고갈되면서도 멈추지 못하는 게 제 패턴인 것 같아요."
3. "이번엔 감정 표현을 조금 더 해보는 쪽으로 행동을 바꿔보려고 해요."

고객은 자신의 행동 패턴 중 성장을 위해 변화가 필요한 패턴 하나를 선택하고, 그 변화의 이유, 현재 자신이 처한 환경, 예상되는 어려움 등을 코치에게 설명한다. 이것이 자기주도적 코칭의 시작점이다.

코치는 페르소나 리포트를 손에 들고 있다

코치 역시 세션 전 고객의 내재 성향 데이터를 기반으로 고객 페르소나 시뮬레이션을 수행했다. 코치는 이미 고객의 성향을 바탕으로 다음과 같은 요소들을 정리해두었을 가능성이 높다.

1. 고객이 반복적으로 맞닥뜨릴 수 있는 갈등 상황
2. 현재 성장을 가로막는 고유의 행동 메커니즘
3. 강점은 어떻게 작동하고, 주의점은 언제 발현되는지
4. 변화 시도 시 저지 요인이 될 수 있는 심리 패턴
5. 현재 직무나 역할과 고객 성향 사이의 간극

이 자료는 숫자 데이터가 아니라, 고객의 행동 경향과 해석 틀을 담은 질적 분석 리포트다. 즉, 코치는 고객의 이야기를 들을 준비가 되어 있는 동시에, 더 깊은 질문을 던질 준비 또한 갖추고 있는 상태다.

코칭 세션은 협력적 해석의 현장이다

코칭 세션은 고객의 자기 인식과 코치의 시뮬레이션이 만나는 협력적 해석의 장이다. 이 현장에는 세 가지 중요한 자원이 존재한다.

1. 고객의 자기 패턴 인식과 변화 의지
2. 코치의 페르소나 분석과 질문 설계
3. AI-트윈의 반복적 예측과 해석 누적 결과

이 세 자원은 각자 독립적으로 작동해 왔지만, 세션이라는 공간에서 만나 하나의 의미 네트워크를 형성한다. 코치는 트윈에서 반복적으로 나타난 패턴이 페르소나 시뮬레이션과 어떤 점에서 일치하는지를 점검한다. 고객은 자신의 말로 그것을 다시 설명하고, 때로는 트윈에서는 보이지 않았던 맥락적 감정과 환경요인을 덧붙인다.

코치의 질문은 매우 정교해진다. 트윈이 보여준 경향성은 질문의 출발점을 제공하고, 코치의 인간적 통찰력은 그 경향성이 어떤 의미를 가지는지를 탐색하는 방향을 결정한다.

1. "그 책임감은 원래 자랑이었을 텐데, 지금은 왜 무거운 짐처럼 느껴질까요?"
2. "감정을 표현하지 않는 게 당신의 방식이라면, 표현할 때의 낯섦은 어떤 감정으로 다가오나요?"

3. "이 패턴을 바꾸면 무엇이 먼저 달라질 것 같으세요?"

이런 질문은 고객에게 구조적 변화의 설계를 요구하게 된다. 고객은 트윈에서 보인 반복적 경향성, 코치와의 대화에서 떠오른 통찰, 변화가 필요한 행동 전략을 종합하여 스스로 실행 가능한 액션 플랜을 수립하는 단계로 나아가는 것이다. 이 액션 플랜은 다음과 같은 자기 설계적 특징을 포함할 수 있게 된다.

1. 바꾸려는 행동 패턴과 그 이유
2. 그 변화가 이루어지기를 바라는 심리적 필요
3. 현재 환경과 감정 상태에 맞는 실현 가능성 점검
4. 실천을 도와줄 환경적/정서적 장치들
5. 실행 후 되돌아볼 수 있는 성찰 포인트

이 단계는 트윈이라는 기술 기반 도구가 단순 자동화 시스템을 넘어 '사람의 성장'을 돕는 진짜 코칭 모델로 작동하는 순간이다.

AI-트윈 기반 코칭의 전체 구조

트윈 기반 코칭은 고객과 코치가 각각 자기 탐색과 시뮬레이션을 수행한 뒤, 코칭 세션에서 만나 의미 있는 대화를 설계해가는 구조를 가진다. 이 흐름은 다음과 같은 3단계로 요약될 수 있다.

1단계: 개인화된 디지털 준비
- 고객은 자신의 내재 성향 데이터를 기반으로 트윈을 생성한다.
- 트윈은 고객이 스스로 질문을 던지고, 반복 응답을 통해 자신의 행동 패턴을 파악하도록 돕는다.
- 코치는 동일한 고객 데이터를 기반으로, 독립된 트윈 형태의 고객 페르소나를 생성하고 시뮬레이션을 통해 코칭 관점을 사전에 준비한다.

2단계: 자율적 탐색과 의미 기반 분석
- 고객은 트윈을 활용한 자기 질문과 응답 속에서 변화가 필요한 행동 패턴을 스스로 인식한다.
- 코치는 페르소나 분석을 통해 고객의 강점과 주의점을 파악하고, 성장에 필요한 질문을 구성한다.
- 이 준비는 양쪽 모두에게 자기 주도성과 전문성을 부여하며, 세션의 몰입도를 높인다.

3단계: 협력적 해석과 변화 설계
- 코칭 세션에서 고객과 코치는 서로 준비한 내용을 공유하며 해석의 협업을 시작한다.
- 고객은 자신의 인식과 환경 맥락을 설명하고, 코치는 페르소나 리포트와 트윈 반복 패턴을 기반으로 질문 방향성을 제시한다.
- 이 과정에서 AI-트윈은 구조적 예측의 틀을 제공하고, 코치는

인간적 통찰로 의미를 부여한다.
- 고객은 이 대화를 통해 자신의 실행 가능한 변화 전략, 즉 액션 플랜을 수립한다.

[표 13.1] 기존 코칭 모델과의 차별점

구분	전통 코칭	트윈 기반 코칭
자기 인식의 흐름	세션 내 대화 중심	트윈을 통한 사전 탐색 + 세션 내 통합
코치의 준비 방식	세션 중 파악	고객 페르소나를 통한 사전 시뮬레이션
반복 데이터	세션 기록 의존	트윈 응답 누적 분석
질문 설계	즉흥적, 직관 기반	트윈 + 페르소나 분석 기반 질문 전략
실행 전략 도출	대화 후 도출	트윈 기반 자기 설계 + 코칭 피드백 통합

AI-트윈 기반 코칭은 AI와 코치의 분업 협력 구조를 통해 고객의 자기이해, 질문 반복, 변화 실천을 더 구조화하고 가시화할 수 있게 만든다. 이 시스템은 코칭 일대일 세션을 넘어서 다양한 형태로 확장될 수 있다.

1. 조직 코칭: 여러 직원의 트윈 데이터를 통해 팀 내 반복되는 커뮤니케이션/협업 패턴 분석
2. 리더십 개발: 리더의 성향 기반 의사결정 패턴 예측과 회복 전략 수립

3. 코치 교육: 코치 훈련생이 고객 페르소나 시뮬레이션을 통해 질문 설계와 해석 연습 수행
4. 커리어 전환 지원: 구직자 또는 퇴직자의 패턴 분석을 통한 직무 적합도 및 실행 전략 안내
5. 청소년 진로 탐색: 자기 성향 기반 탐색형 대화 툴로 자율성과 자기이해 지원

또한, 데이터가 축적되면 유형별 행동 예측 모델이나 성향 조합별 코칭 전략 가이드라인도 제작할 수 있어, 코칭 지식의 체계화와 축적에도 기여할 수 있다. AI-트윈은 결국 기술이 아니라, 사람의 성장을 구조화하기 위한 도구다. 트윈이 아무리 정교해져도, 그 해석과 질문의 맥락을 읽어내는 것은 결국 코치의 몫이다.

따라서 중요한 것은 기술 자체가 아니라, 트윈을 통해 고객이 자신의 삶을 어떻게 해석하고 변화의 용기를 내도록 도울 것인가에 대한 코치의 철학이다. 이 책에서 제안하는 방식은 그중 하나일 뿐이며, 더 많은 코치들이 각자의 전문성을 기반으로 다양한 형태의 트윈-페르소나 구조를 설계하고, 서로 협력하는 새로운 코칭 생태계를 만들어가길 기대한다.

14. 활용 범위와 한계

AI-트윈 모델의 활용 범위: 자기 탐색, 행동 예측, 성장점 진단

AI-트윈 기반의 코칭 모델은 개인의 내재 성향 데이터를 바탕으로 코칭 대상자의 자기 인식 향상, 미래 행동의 예측, 조직 내 마찰 지점 진단에 이르기까지 폭넓은 분석과 개입을 가능하게 한다. 이 모델이 효과적으로 작동하기 위해서는 주요 개념들 사이의 의미적 경계를 명확히 하고, 각각의 개념이 어떤 목적과 방식으로 활용되는지를 구분하여 설명할 필요가 있다.

① **자기 탐색**

자기 탐색은 AI-트윈 분석의 출발점이다. 이는 개인이 자신의 내면을 구성하는 주요 성향, 가치관, 동기 요인, 심리적 패턴 등을 이해하고 이를 명확하게 언어화하는 과정이다. 자기 탐색은 과거와 현재의 경험을 통해 형성된 고유한 특성을 해석하고, 이러한 특성이 어떻게 현재의 행동과 태도에 반영되고 있는지를 자각하는 데 초점을 둔다. AI는 이 과정에서 개인의 성향 데이터를 정리하고, 프로파일링하여 자기 이해를 돕는 거울 역할을 수행한다.

코치의 역할은 이 데이터를 단순히 나열하는 데 그치지 않고, 고객 스스로가 자신의 성향을 수용하고 그 안에서 의미를 찾도록 돕는 데 있다. 예를 들어, "나는 왜 리더십 상황에서 주저하는가?"라는 질문에 대해 '위험 회피 성향이 높고 명확한 기준을 중시하는 성향 때문'이라는 자각을 이끌어내는 것이 자기 탐색의 대표적인 성과이다.

② 행동 예측

행동 예측은 AI-트윈이 가진 시뮬레이션 기능의 핵심으로, 다양한 조직 상황과 감정적 조건, 관계 변수에 따라 고객이 어떤 행동을 보일 가능성이 높은지를 사전에 분석하는 과정이다. 이는 미래 지향적인 시나리오 설계를 기반으로 하며, 특정 조건이 주어졌을 때 개인이 보일 수 있는 패턴을 예측한다.

예를 들어, '압박이 높아질 때 자율성이 저하되는 상황'이라는 시나리오가 주어졌을 때, 고객이 통제적 행동을 강화하거나 회피적으로 변할 가능성을 AI가 분석해 제시한다. 이 결과를 바탕으로 코치는 "이 상황에서 당신은 어떻게 대응할 것 같습니까?"라는 질문을 던지며, 예측된 행동과 실제 경험 사이의 간극을 성찰하게 한다.

③ 성장점 진단

성장점 진단은 AI-트윈의 분석이 '내면'에서 '환경'으로 확장되는 지점이다. 이는 개인의 행동 경향이 조직 내 역할, 관계, 과업 구조와 얼마나 잘 맞는지를 점검하는 작업이다. 반복적으로 충돌이 발생하는 영역, 업무 몰입이 낮은 순간, 관계에서 갈등이 심화되는 상황 등을 중심으로 분석한다.

이 과정에서는 개인의 성향이 조직의 기대나 환경과 어긋나는 지점을 찾아내는 것이 핵심이다. 예를 들어, '자율성을 중시하는 개인'이 '강한 위계 구조'의 팀에 소속되어 있을 경우, '보고 체계에서의 반복된 저항'이라는 마찰이 발생할 수 있다. 성장점 진단은 단순히 불만을 확인하는 수준을 넘어서, 그 원인을 내재 성향과 조직적 구조의 관계 속에서 이해하게 만드는 데 의의가 있다.

④ 세 개념의 통합적 관계

이 세 가지 개념은 서로 고립된 것이 아니라 시간적, 논리적으로 연결되어 있다.

- 자기 탐색은 개인의 정체성과 이해의 기반을 제공한다.

- 행동 예측은 그러한 정체성이 현실 상황에 어떤 방식으로 표현 될지를 전망한다.
- 성장점 진단은 그 표현이 환경과의 상호작용 속에서 어떤 불일치나 갈등을 초래하는지를 식별한다.

이러한 구조적 연계는 코칭의 질문 흐름, 데이터 분석, 피드백 제공 방식에 일관성과 깊이를 더할 수 있으며, AI-트윈을 단순한 성향 분석 도구가 아니라 코칭 프로세스를 설계하고 이끌어가는 전략적 파트너로 활용할 수 있게 만든다. 이와 같은 명확한 개념 구분을 통해 AI-트윈 코칭의 신뢰성과 활용성을 크게 높일 수 있으며, 코치와 고객 모두에게 구조화된 사고와 실행 전략을 제공할 수 있다.

[표 14.1] AI-트윈 코칭 모델 설계

구분 항목	자기 탐색	행동 예측	성장점 진단
정의	자신의 내재 성향을 이해하고 정리	특정 상황에서의 행동 경향 예측	내 행동과 외부 환경의 불일치 원인 분석
초점	나의 본성과 가치	나의 반응과 실행 방식	나와 환경 사이의 상호작용
시점	과거와 현재	미래 중심	반복되는 현재 이슈
AI 역할	성향 프로파일링	조건별 시뮬레이션	조직-성향 매핑 분석
코치 개입	언어화와 자기 수용 지원	예측 검토와 전략적 질문	시스템 재설계 유도 및 통합적 피드백

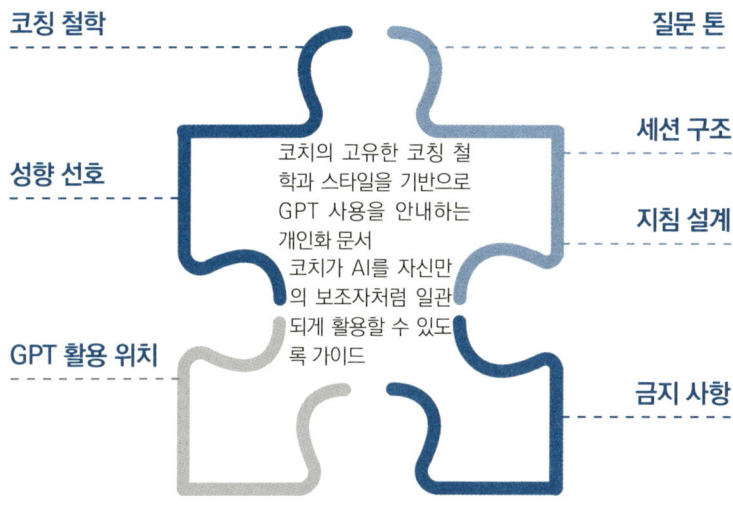

AI-트윈 모델의 한계

AI-트윈 기반 코칭은 고객의 성향 데이터를 바탕으로 행동 패턴을 예측하고, 자기 탐색과 변화의 가능성을 시뮬레이션할 수 있는 강력한 도구다. 그러나 AI 시스템의 자동화된 분석 결과가 사람의 삶과 관계를 다루는 코칭 영역에서 오남용될 경우, 다음과 같은 중요한 문제가 발생할 수 있다.

① 해석의 맥락 결여

AI가 제공하는 예측은 패턴 인식에 기반한 결과로, 실제 고객이 처한 환경과 맥락적 변수를 반영하지 못할 수 있다. 예를 들어, 고객이 '위험 회피 성향'이 강하다는 결과가 나왔더라도, 실제 업무 환경에서 그 성향이 긍정적 전략으로 작용할 수도 있다. 즉, 수치만으로 '좋다/나쁘다'를 판단하는 오류가 발생할 수 있다.

② 성향 데이터의 편향 가능성

고객의 성향 데이터는 자기 보고 방식에 의존하는 경우가 많고, 응답자의 인식 수준이나 응답 시 컨디션 등에 따라 편향될 수 있다. 이로 인해 예측의 정밀도나 신뢰도가 저하될 수 있으며, 잘못된 피드백이 제공될 위험이 존재한다.

③ 코치의 전문성 약화

AI의 편리성과 정확도가 강조되다 보면, 코치가 자신의 직관이나 관계적 역량을 의존하지 않고 분석 결과에만 의존하게 되는 경우가 생길 수 있다. 이는 코칭의 본질인 '인간 대 인간의 탐색적 대화'가 위축되는 결과로 이어질 수 있다.

④ 프라이버시 및 데이터 보안 문제

AI-트윈에 사용되는 데이터는 고객의 심리적 특성과 행동 경향을 포함하는 민감한 정보다. 이를 제3자가 접근하거나 오용할 경우 신뢰 위기를 초래할 수 있다. 독립 코치나 중소규모 조직에서는 이에 대한 보안 장치가 미비한 경우가 많다.

개선 방향

① 보조 도구로서의 AI 위치 명확화

AI-트윈은 코칭의 전면에 서기보다는, 코치가 대화를 설계하고 해석하는 데 도움을 주는 보조적 도구로서 작동해야 한다. AI가 예측한 행동 경향은 하나의 '가설'로 다루며, 이를 기반으로 고객의 자각과 맥락 인식을 돕는 질문이 이어져야 한다.

② 예측은 질문의 출발점

예측 결과는 결론이 아니라, 탐색을 시작하기 위한 질문의 단서다. 코치는 예측이 얼마나 타당한지를 고객의 실제 경험과 대조해 확인하고, 필요한 경우 재구성할 수 있어야 한다.

③ 예시 질문:

- "이 분석 결과는 반복되는 업무에 스트레스를 느낄 수 있다고 제안합니다. 실제로 비슷한 경험을 한 적이 있으신가요?"
- "이 성향은 협업보다는 개인 작업에 집중하는 경향이 있다고 나옵니다. 지금 팀 안에서 느끼는 감정과 비슷한가요?"

④ 고객의 데이터 주권 강화

AI를 사용하는 모든 과정에서 고객의 정보 주체성을 강화해야 한다. 고객이 성향 데이터 수집 및 분석 결과 사용에 대해 충분히 설명을 듣고, 동의할 수 있도록 '데이터 동의서'나 '사용 목적 명세'를 제공하는 것이 바람직하다.

⑤ 데이터 보안 원칙 명시

성향 분석과 행동 예측 결과는 로컬 저장, 고객 단위 저장, 자동 폐기 원칙 등 안전한 보안 프로토콜을 따르도록 한다. 특히 클라우드 기반이 아닌 로컬 기반에서 활용하는 독립코치형 모델은 보안 리스크를 최소화할 수 있다.

AI-트윈은 코칭의 지형을 넓히는 도구이자, 개인화된 통찰을 제공하는 창이다. 그러나 '기술이 만든 요약'은 '사람이 만드는 해석' 없이는 의미를 잃는다. AI 예측은 진실을 말하는 것이 아니라, 대화를 시작하게 하는 질문의 언어로 활용되어야 한다. 코치는 그 질문을 통해 고객의 맥락을 더 깊이 이해하고, 변화의 방향을 함께 설계하는 역할을 놓치지 않아야 한다.

[표 14.2] 실제 적용 예시

예측 결과	코치의 질문	고객의 반응 및 전개
"계획 수립은 잘하지만 즉흥 대응에 약하다."	"최근 갑작스러운 상황에서 어떤 대응을 하셨나요?"	"즉흥 상황에선 머리가 하얘지곤 해요." → 고객은 자기 패턴을 자각하고 대처 전략에 관심을 가짐
"리더십 욕구가 강하다."	"조직에서 스스로 리더 역할을 자주 맡고 싶다는 생각이 드시나요?"	"그런 마음은 있지만 표현은 잘 안 해요." → 숨겨진 욕구 탐색 및 표현 전략 논의로 이어짐

14. 활용 범위와 한계

AI 코칭 윤리 설계 체크리스트

AI 윤리 설계 5원칙

- 보조자 원칙: AI는 코치를 대체하지 않음
- 탐색 우선 원칙: 정답보다 탐색, 인식, 의미 구성에 초점
- 고객 중심 해석: 고객의 감정과 가치를 우선으로 다룸
- 행동+성찰 균형: 실행 유도와 자기 이해를 균형 있게 포함
- 프롬프트 설계 책임: 코치가 AI 질문 구조를 윤리적으로 설계해야 함

비윤리적 예시와 재설계 사례

"이 클라이언트는 왜 이러는 걸까?" → X (평가적)
"이 말 속에 반복적으로 드러나는 주제는 무엇일까?"
→ O (탐색적)

Part V.
코칭 설계와 시나리오

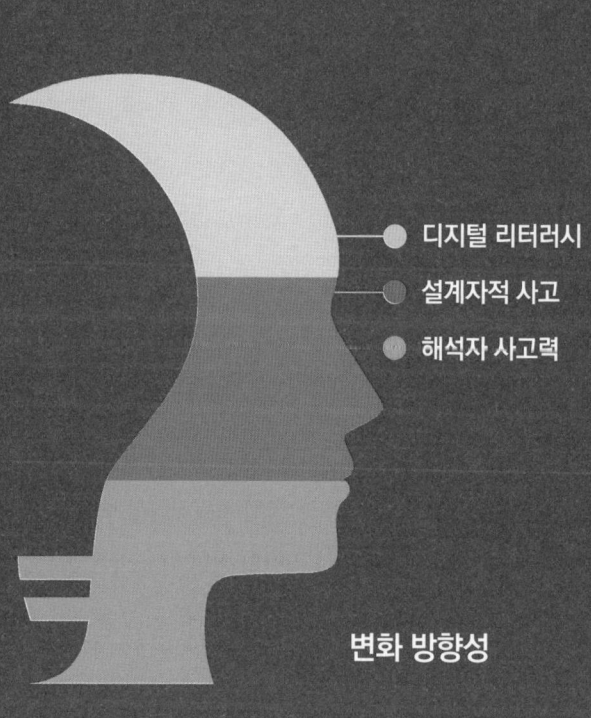

- 디지털 리터러시
- 설계자적 사고
- 해석자 사고력

변화 방향성

디지털 트윈 개념은 원래, 실제 시스템(제품, 공정, 조직 등)의 동작을 가상 공간에 복제한 모델로, 현실 데이터를 반영해 시뮬레이션과 예측을 수행한다. 이를 통해 최적의 전략을 도출하고, AI 기반의 반복 학습으로 지속해서 개선된다. 제조, 헬스케어, 스마트 시티 등 다양한 분야에서 설계·운영의 효율성을 높이는 핵심 기술로 활용된다.

15. 코치의 사전리포트

AI-트윈 모델에서는 35개 데이터 포인트 각각에 가중치를 부여하여 고객에 대한 상대적 예측을 가능하게 했다. 이는 고객에게 제공되는 코칭서비스 품질 수준을 고객 맞춤형으로 개별화하게 해준다.

   AI-트윈 모델의 핵심①은 간결성에 있다. 고객은 사전 체크리스트에서 1~5수준까지 35개 데이터 포인트를 제시한다. 체크리스트는 성향 패턴을 확인하고 행동 패턴을 예측하는 자료로 활용한다. 이는 고객 경험에 영향을 미치는 요소들을 설명해준다.

   AI-트윈 모델의 핵심②는 확장성에 있다. 코치들은 자신의 트윈을 만들 때 자신의 전문성을 반영하여 방향을 잡고 영역을 확장할 수 있다. AI-트윈 모델의 핵심③은 투명성에 있다. 고객은 고객이 스스로 AI와 작업한 결과는 자신에게 한정된다. 공유되지 않는 자유로움 속에서 코치와 공유하고 싶은 부분은 고객의 말로 전달된다.

   AI-트윈 모델과 안내서를 공유하고 어떻게 활용할지 충분히 논의할 공간을 마련하면, 반복하면서 통합하고 수정하는 모든 작업에 투명성이 강화된다. 이렇게 지수를 업데이트하면서 변화를 모니터링하면 서로의 차이를 인정하면서 조율을 당연시하는 문화 형성에도 도움이 될 수 있다. 개인의 문제가 사라지는 것은 아니지만 공감대 형성을 간소화하고 차이를 좁힐 수 있는 도구로 작용할 것이다. AI-트윈 기반 병렬 구조에서 고객과 코치가 각각 수행한 작업은 첫 코칭 세션에서 실제로 만나게 된다. 이 만남의 순간은 코칭의 질과 방향성을 결정짓는 핵심 접점이며, 이를 잘 구성하는 것이 코치의 전문성이다.

[표 15.1] 코칭 정보 목록

항목	내용	활용 목적
고객 내재 성향 프로파일	체크리스트 기반 35개 항목 중 주요 고득점·저득점 성향 분석	고객의 의사결정 스타일, 갈등 회피·추진 방식 등 예측
고객 기본 페르소나 요약	내재 성향 조합 기반의 행동 패턴 유형화 (예: "지속성+관계중시"형)	언어 사용 방식, 반응 민감성, 자극 포인트 설정
시나리오별 행동 경향 예측	스트레스 반응, 몰입 요인, 회피 기제 예측	첫 질문 설계, 리듬 조절 포인트 탐색
AI-트윈 사용 상태 (정보 없음)	고객의 프라이빗 공간에서 AI 시뮬레이션 수행	고객의 이슈 인식과 자기정리 여부는 세션에서 확인

고객의 AI-트윈 작업 결과와 코칭 대화 연계 전략

AI-트윈 기반 코칭의 핵심은 고객이 스스로 데이터를 기반으로 자기 이해를 심화하고, 그 결과를 바탕으로 코칭 세션에서 더 명확한 이슈를 제기할 수 있도록 설계된 이중 구조에 있다. 이 구조에서 코치는 고객이 AI-트윈과 상호작용하여 도출한 자기 패턴, 마찰 지점(성장점), 행동 예측 결과를 코칭 대화와 어떻게 효과적으로 연계할 것인가를 전략적으로 고려해야 한다. 이는 고객 주도형 코칭을 실현하면서도 코칭의 깊이와 방향성을 유지하는 핵심 요소이다.

고객의 AI-트윈 작업 결과란 무엇인가?

고객은 AI-트윈에 자신의 내재 성향 기반 질문을 반복 입력함으로써 자기 행동의 경향성, 스트레스 상황에서의 반응, 강점과 약점의 균형, 의사결정 시 편향 등의 피드백을 받게 된다. 이러한 피드백은 다음과 같은 형태로 축적될 수 있다.

1. 주요 상황에 대한 반응 패턴 요약(예: "갈등 상황에서 회피 경향이 높음")
2. 장점 및 리스크 경고(예: "높은 독립성이 때때로 협업 저해로 나타남")

3. 패턴 기반 질문 추천(예: "내가 팀의 속도를 늦추는 요소는 무엇인가?")
4. 성장 기회 탐색 가이드(예: "리더십을 키우려면 어떤 성향을 보완해야 할까?")

이러한 결과는 고객 스스로 '나에 대한 객관적 진단'으로 경험되며, AI-트윈은 반복적이고 안전한 자기 탐색의 도구로 기능한다.

AI-트윈 결과와 코칭 대화의 연결 방식

코칭 세션은 고객의 트윈 작업 결과 중 고객이 스스로 중요하다고 느끼는 영역을 주제로 시작된다. 이 과정에서 코치는 다음 전략을 활용하여 코칭 대화를 설계할 수 있다.

1. 전략1. 자기 언어 기반 질문 유도: 고객이 AI-트윈 상에서 자주 묻거나 반응했던 언어를 중심으로 질문을 설계한다. 예를 들어 고객이 "팀 내에서 내가 어떻게 보일까?"라는 질문을 반복한 경우, 코칭 대화는 "당신이 인식한 자기 모습과 팀이 인식하는 모습 사이에 어떤 차이가 있을까요?"와 같이 연결될 수 있다.
2. 전략2. 마찰 지점 해석의 공동 탐색: AI-트윈이 제시한 마찰 예측(예: '새로운 환경에 진입할 때 자신감 저하')을 바탕으로, 고

객과 함께 이 마찰이 실제 업무에서 어떻게 나타났는지를 사례 중심으로 탐색한다. 코치는 "이런 상황이 실제로 최근에도 있었나요?"와 같은 질문으로 대화를 열 수 있다.
3. 전략3. 행동 예측 → 변화 실험 설계: 고객이 AI-트윈에서 특정 성향 기반으로 예측된 행동 경향을 확인했을 경우, 이를 기반으로 작은 실험 과제를 제안할 수 있다. 예: "혼자 결정하려는 경향이 강하다고 나왔네요. 이번 주에 팀 의견을 먼저 물어보고 결정을 미뤄보는 실험을 해보면 어떨까요?"

고객 주도, 코치 가이드형 구조의 균형

이 과정에서 중요한 점은, 코칭의 흐름은 고객 주도로 설계되되, 코치는 구조화된 해석 가이드를 준비하여 대화의 품질을 높이는 데에 집중해야 한다는 점이다. 즉, AI-트윈이 제공한 결과에 기반하여 코치가 다음과 같은 역할을 수행한다.

1. 고객의 자기 탐색 내용을 구조화하여 고객 성찰을 촉진한다.
2. 행동 패턴의 의미를 맥락화하여 조직/관계/역할과 연결시킨다.
3. 고객이 지나치게 자기비판적이 되거나, 회피하는 경향이 있을 때 균형을 잡아주는 질문으로 개입한다.

코칭 문서화와 연계 자료 제공

코치는 고객의 AI-트윈 사용 결과를 직접 보지 못하지만, 고객이 선택한 이슈나 정리한 내용에 대해 성찰 시트, 성향 기반 목표설정 시트, 실험 계획 시트 등의 코칭 도구를 미리 준비하고 활용할 수 있다. 이는 고객이 트윈 기반으로 탐색한 내용을 코칭 실천 영역으로 자연스럽게 이행하게 만드는 가교 역할을 한다.

고객의 AI-트윈 작업 결과는 단순한 데이터가 아니라, 고객이 스스로 주도한 자기 탐색의 흔적이며, 코칭 세션에서 이를 연계해 활용하는 전략은 코칭의 질을 비약적으로 향상시킬 수 있다. 코치는 이 결과를 추론 기반으로 활용하되, 대화 속에서 드러나는 고객의 생생한 경험을 최우선으로 다루며, 트윈 데이터를 실질적인 변화와 성장을 위한 발판으로 전환시켜야 한다.

고객 AI-트윈 결과와 코치 사전 예측 사이의 불일치 탐지 및 조율

AI-트윈 기반 코칭은 고객이 스스로 생성한 자기 탐색 데이터와, 코치가 설문을 통해 수집한 내재 성향 정보를 기반으로 한 사전 예측을 함께 활용한다는 점에서, 독특한 이중적 진단 구조를 가진다. 하지만 이 구조는 때때로 고객의 실제 탐색 결과와 코치의 사전 예측 간의 불일치를 낳을 수 있다. 이 불일치는 코칭의 질을 저해하기보다는, 오히려 고객의 자기 인식의 갱신과 코치의 해석 관점을 확장시키는 기회가 될 수 있다.

불일치가 발생하는 일반적 유형

코치의 사전 예측은 일반적으로 설문 기반 내재 성향 평가를 통해 이루어진다. 반면, 고객의 AI-트윈 결과는 고객의 질문, 반응, 반추를 통해 생성되는 실제 반영된 자기 인식의 흔적이다. 다음은 자주 나타나는 불일치 유형이다.

1. 표면-심층 불일치: 설문에서는 '협업 지향' 성향이 높았지만, AI-트윈에서는 갈등 회피로 인해 협업을 피하는 행동 패턴이 드러남
2. 맥락 전이 불일치: 성향적으로는 높은 성취 지향을 보이지만, 고객이 속한 조직 환경이 이를 제약하여 실제로는 보수적 패턴만 반복됨
3. 자기 인식 편차: 고객이 자신을 자율적인 사람이라고 응답했지만, 트윈 결과에서는 의사결정 회피 경향이 두드러짐

불일치 탐지 전략

코치는 다음 세 가지 경로를 통해 불일치를 인지하고 구조화할 수 있다.

1. 질문 패턴 비교: 고객의 트윈 상 반복된 질문 키워드(예: "왜 나는 결정을 미루는가?")와 코치가 예측한 강점 영역(예: 높은 독립성과 추진력)을 비교해 모순점을 탐색한다.
2. 표현 언어 감지: 고객이 트윈과의 대화에서 사용하는 감정 어휘(예: "답답하다", "꺼려진다")와 코치의 예측 사이의 정서적 간극을 감지한다.
3. 사례 추적 요청: 고객이 AI-트윈의 행동 예측 결과를 어떻게 받아들였는지를 물어보고, 실제 경험 사례를 청취한다.

이러한 탐지는 불일치를 문제 삼는 것이 아니라, 정확한 자기이해를 도와주는 단서로 사용된다.

불일치 조율 전략

탐지된 불일치는 다음의 세 가지 조율법을 통해 코칭 대화로 통합될 수 있다.

1. **공동 해석 유도**: "설문에서는 X라고 했지만, AI-트윈에서는 Y라고 나타났어요. 두 가지를 함께 놓고 보면 어떤 생각이 드시나요?"와 같이 양쪽 데이터를 병렬 제시하여 고객 스스로 의미를 해석하게 한다.
2. **다중 맥락 비교**: 고객이 일하는 조직 환경, 최근 변화된 역할, 팀 내 관계 구조 등 외부 요인과 함께 성향 및 행동 예측을 재해석해본다. 이를 통해 "왜 그렇게 행동하게 되었는가?"에 대한 보다 입체적인 설명을 구성할 수 있다.
3. **자기 인식 갱신 초대**: 코칭의 목적이 단순히 정확한 진단이 아니라, 성장의 출발점으로서의 자기 인식 확대임을 상기시키며, 고객이 불일치를 수용하고 새롭게 자신을 조망하도록 돕는다.

실용적 도구 활용 방안

코치는 이 조율 과정을 촉진하기 위해 다음과 같은 도구를 활용할 수 있다.

1. 성향-행동 간 불일치 시각화 카드: 성향 스코어와 행동 예측 결과를 함께 제시한 시트
2. 자기 인식 갭 탐색 질문 리스트: '내가 보는 나'와 '트윈이 본 나' 사이의 차이를 탐색하기 위한 코칭 질문 모음

3. 사례 기반 성찰 시트: 불일치 영역과 관련된 실제 경험을 기술하고 재해석하는 실습지

AI-트윈 결과와 코치의 사전 예측 사이의 불일치는 단순한 오차가 아니라, 코칭의 깊이를 확장시키는 기회의 지점이다. 코치는 이를 진단의 오류로 간주하기보다는, 고객의 자기 탐색 과정에서 발생하는 심화와 재구성의 여정으로 바라봐야 한다. 불일치를 조율하는 과정은 고객에게 스스로를 더 입체적으로 이해할 기회를 제공하며, 코치에게는 해석의 유연성과 진단의 정교함을 요구하는 고차원적 코칭 역량을 발휘할 무대가 된다.

AI 코칭 협업 사회

- 창의적이고 감성적으로 고객과 연결할 시기
- AI가 시장을 확장하는 것은 코치에게 기회
- 창의성은 코치의 차별화 요소
- AI와 협업하는 창의적 코칭 모델 필요
- 창의성을 키우기 위한 학습과 실험적 접근 필수

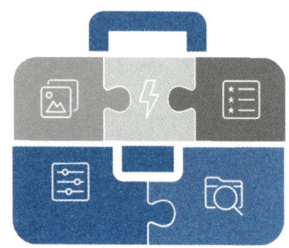

16. 60분 코칭 흐름

AI-트윈을 기반으로 한 코칭 세션은 고객의 자기 탐색 결과와 코치의 사전 예측을 바탕으로 구성되며, 빠르게 핵심 이슈로 진입할 수 있는 구조를 갖는다. 특히 첫 세션에서는 고객이 AI-트윈과 상호작용하며 도출한 통찰을 기반으로 코칭이 시작되므로, 라포 형성에 소요되는 시간을 단축하고 대화의 밀도를 높일 수 있다.

코치가 세션 시작 전 확보한 정보

1. 고객의 내재 성향 체크리스트 응답 데이터
2. 해당 데이터를 기반으로 구축한 AI-트윈
3. 고객이 AI-트윈에 입력한 질문 유형(직접 열람은 불가하나, 코치는 이를 유추할 수 있음)
4. 고객의 AI-트윈 기반 예측 행동 패턴 보고서 요약(예: 대인관계

갈등 회피 성향, 성취 추구 vs 안정 욕구 간 충돌 등)
5. 고객이 코칭 세션 예약 시 남긴 메모 또는 목표

이러한 정보는 코치가 고객의 주요 동기, 우려, 반복적 행동 패턴 등을 가늠하게 하며, 세션 초반부터 깊이 있는 탐색이 가능하도록 돕는다.

[표 16.1] 60분 세션 흐름 예시

시간대	구성 단계	내용 설명
0~5분	오프닝 및 라포 확인	간단한 인사와 안부 확인 후, 고객이 AI-트윈과 상호작용하며 느낀 점을 자연스럽게 묻는다. "요즘 AI-트윈 작업은 어떠셨어요?"와 같은 개방형 질문으로 시작
5~15분	자기 탐색 결과 공유	고객이 AI-트윈을 통해 반복적으로 등장한 질문, 놀라웠던 행동 예측 결과, 스스로 주목한 통찰 등을 공유하도록 유도한다. 이때 코치는 고객의 언어에 주의를 기울이며 핵심 주제를 탐색한다.
15~30분	코칭 이슈 심화 탐색	고객이 선택한 주제에 대해 구체적인 상황, 감정, 행동 양식을 탐색한다. AI-트윈 예측 결과와 현실에서의 경험이 어떻게 다르거나 비슷했는지 함께 분석한다.
30~45분	코칭 개입 및 리프레이밍	코치는 고객의 내재 성향을 바탕으로 질문을 재구성하거나, 관점 전환을 위한 은유와 메타포를 활용해 대화를 확장한다. 이 과정에서 고객은 자신의 자동 반응 패턴을 자각하고 새로운 선택 가능성을 탐색한다.
45~55분	실행 설계	고객이 당면한 과제에 대해 작게 시도할 수 있는 실험을 설계한다. 이 실험은 다음 AI-트윈 시뮬레이션에서의 질문으로 확장될 수도 있다. 예: "다음 대화 상황에서 평소와 다르게 대응하려면 어떤 문장을 시도해볼 수 있을까요?"
55~60분	마무리 및 다음 단계 확인	오늘 다룬 주제 중 고객이 특히 기억하고 싶은 문장이나 통찰을 정리하고, 다음 세션까지 시도해보고 싶은 내용 또는 AI-트윈에 추가할 질문 아이디어를 함께 확인한다.

장점과 효과

1. 고객이 AI-트윈을 통해 자기 주도적으로 코칭 이슈를 정리하고 들어오기 때문에, 첫 세션부터 깊이 있는 대화가 가능하다.
2. 코치는 내재 성향 기반의 데이터로 고객의 맥락을 이해한 상태에서 질문을 던질 수 있어, 빠르게 탐색 단계를 지나 전략적 개입으로 나아갈 수 있다.
3. 고객은 AI-트윈과 코칭을 병행하면서, 자신의 행동 실험과 자기 관찰을 구조화하여 성찰과 실행을 자연스럽게 연결할 수 있다.

시나리오 속 코칭 대화 흐름

코치: AI-트윈에서 반복적으로 '결정 미루기'와 관련된 행동이 나왔다고 하셨는데, 실제로 최근 어떤 상황에서 그런 경험을 하셨나요?

고객: 네, 팀원 승진 추천 건이요. 마음은 있는데, 뭔가 자신 없고… 미루고 있었어요.

코치: AI-트윈이 예측한 '책임 회피보다는 실망 회피' 경향이 여기서도 작용하고 있는 것 같아요. 실망을 주지 않기 위해 결정을 늦추는 자신을 어떻게 느끼셨나요?

고객: 맞아요. 그 팀원이 기대하는 걸 아니까, 더 망설이게 돼요.

코치: 만약 '실망을 피하는 나' 대신, '성장 기회를 제공하는 리더'로

이 상황을 보면 어떤 선택이 달라질 수 있을까요?

코칭 시나리오

목표: 고객이 AI-트윈 사용 후 도출한 이슈를 중심으로 첫 세션에서 깊이 있는 탐색을 시작

00:00~05:00 라포 형성 및 환경 정비
- "안녕하세요, AI-트윈은 조금 사용해보셨을까요?"
- 고객의 사용 경험을 간단히 묻고, 대화의 자유도 확보
- 목적: 고객이 자기 주도적으로 말할 수 있는 심리적 공간 조성

05:00~15:00 이슈 유도 질문 및 탐색 시작
- "사용해보시면서 특히 자주 눈에 띈 예측 결과나 반복된 패턴이 있었을까요?"
- 고객이 AI와의 상호작용 중 스스로 인식한 성장점 또는 흥미 포인트를 자연스럽게 언급하게 함

15:00~30:00 핵심 주제 집중 탐색
- 고객의 발화된 이슈에 대해 성향 기반 질문 삽입:
  - "그 상황에서 주도하기보다는 주변 반응을 먼저 살피는 편이신

가요?"
　- "지속성 성향이 높은데, 도중에 동력이 떨어졌다면 무엇 때문일까요?"
- AI-트윈 데이터 없이도, 사전 성향 정보 기반 탐색

30:00~40:00 심층 의미 탐색 및 리프레이밍
- "그 행동은 당시 어떤 감정과 연결되어 있었을까요?"
- "반복되는 패턴에서 어떤 니즈나 가치가 보이시나요?"
- 고객이 자기패턴을 재해석할 수 있도록 구조화된 피드백 제공

40:00~55:00 실행 아이디어 도출 및 전환
- "이 패턴을 다르게 바꿔 본다면, 어떤 점이 바뀔 수 있을까요?"
- "다음 시뮬레이션에서 이 점을 중심으로 다시 시도해보면 어떨까요?"
- 코칭-AI-트윈 간 순환적 자기실험 흐름 강화

55:00~60:00 정리 및 다음 세션 연결
- "오늘 이야기 중에서 다음에 더 깊이 다뤄보고 싶은 주제는 무엇인가요?"
- "그때까지 어떤 시도를 해보실 수 있을까요?"
- 자기이해-실험-코칭을 잇는 자기주도적 여정을 인식하게 됨

[표 16.2] AI-트윈 기반 세션 구성 포인트

구성 요소	AI-트윈 효과	코칭 전략
주제 유도	고객이 스스로 도출한 이슈	강요하지 않되, 탐색을 구조화
대화 리듬	고객의 자기 인식이 깊음	성향 기반 질문으로 가속 가능
실행 설계	시뮬레이션 반복 활용 가능	자기실험 – 피드백 순환 설계
신뢰 관계	정보 기반 예측 + 존중된 자율성	빠른 라포 형성 및 심층 대화 가능

반복 구조

AI-트윈 코칭 구조를 기반으로, 이후 세션부터는 반복되는 AI-트윈 사용-코칭 통합 구조가 만들어지면 고객의 자기이해와 변화가 점진적으로 심화될 수 있다. 아울러, AI-트윈 기반 코칭은 1회성 대화에 그치지 않고, 고객의 자기 탐색과 행동 실험을 반복적으로 이어가며 점진적인 통찰과 변화로 나아가는 순환 구조를 지닌다. 특히 두 번째 세션 이후에는 고객이 AI-트윈과의 자기 탐색을 통해 도출한 새로운 통찰을 바탕으로 더욱 밀도 높은 코칭 대화가 가능해진다.

반복 구조의 개요

AI-트윈 기반 코칭은 다음과 같은 구조로 반복된다.

AI-트윈 생성 → 자기실험 → 행동예측 → 패턴인식 → 코칭 대화 → 실행설계 → 재시도

이러한 순환을 통해 고객은 단순한 사고 차원이 아닌, 반복 실험과 자기 관찰을 통해 깊이 있는 행동 변화를 체득하게 된다. 고객과 코치는 이 순환을 반복하면서 점차 더 정교한 통찰과 실험을 이어가며, 내재화된 행동 변화로 나아가게 된다.

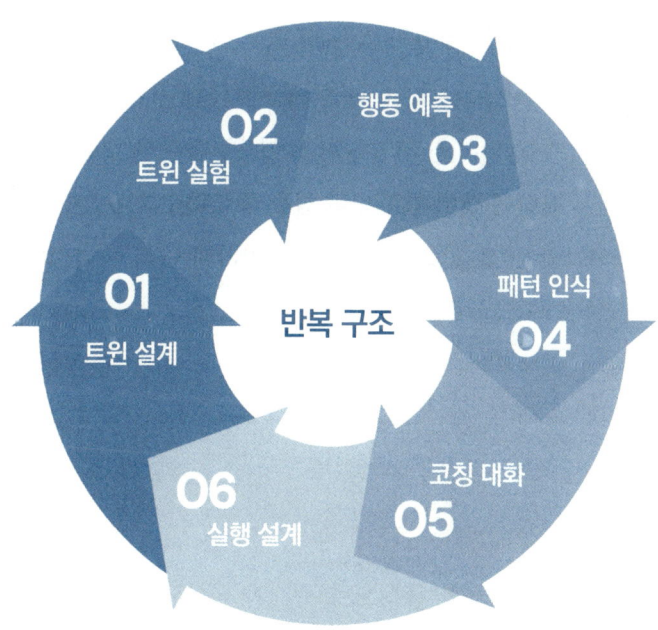

두 번째 세션 예시 흐름 (총 60분)

(1) AI-트윈 결과 공유 및 통찰 확인 (0~10분)

고객이 AI-트윈과의 상호작용을 통해 어떤 질문을 입력했고, 어떤 예측 결과를 받았는지를 공유한다. 이 과정은 고객이 느낀 놀라움, 의문, 또는 통찰을 바탕으로 대화를 시작하게 한다. 코치는 고객이 언급하는 내용을 통해 AI-트윈 결과와 실제 경험 사이의 접점을 파악한다.

00:00~10:00 AI-트윈 결과 공유 및 통찰 확인
- "이번에는 AI-트윈과 어떤 대화를 해보셨나요?"
- "가장 놀랍거나 반복적으로 나온 예측결과가 있었을까요?"
- 고객이 자신이 실험하고 느낀 점을 구체적으로 말하도록 유도
  → 코치는 그 내용과 첫 세션에서 정리된 이슈 간 연결 고리를 찾아냄

(2) 새로운 이슈 등장 또는 기존 주제 심화 (10~25분)

AI-트윈 활용 이후 고객이 인식하게 된 새로운 내면 저항, 동기의 변화, 인간관계의 마찰 등을 중심으로 주제가 심화된다. 고객은 실험 결과를 통해 이전에는 인식하지 못했던 이슈를 새롭게 제기할 수도 있다. 코치는 내재 성향 기반 데이터를 바탕으로 그 이슈의 구조를 탐색

한다.

10:00~25:00 새로운 이슈의 등장 또는 기존 주제 심화
- 고객이 실험을 통해 새롭게 느낀 심리적 저항, 관계의 어려움, 동기의 변화 등을 토대로 대화 주제를 조정
- 예: "도전하고 싶은 마음이 생겼지만, 막상 행동에 옮기기 어렵더라고요."
  → 코치는 성향 데이터를 기반으로 저항의 원인 또는 회피 전략을 분석하여 피드백

(3) 시뮬레이션 기반 행동 재구조화 (25~40분)

AI-트윈의 예측 결과 중 실제 경험과의 차이 또는 일치 여부를 고객과 함께 재검토한다. 고객이 특정 예측에 대해 거부감을 느끼거나 반대로 강한 수긍을 보일 경우, 그 내면의 의미를 분석한다. 이를 통해 고객의 현실 인식 구조를 더 정교하게 파악할 수 있다.

25:00~40:00 시뮬레이션 기반 재구조화
- "AI-트윈이 예측한 패턴 중 바꾸고 싶은 부분은?"
- "그 예측이 실제 상황과 얼마나 일치했나요?"
  → 고객이 자기 예측에 대한 현실 피드백을 하도록 하고, 코치는 성향 기반으로 해석 보완

(4) 실험 설계 및 다음 질문 설정 (40~55분)

다음 AI-트윈 실험에서 다룰 주제, 상황, 질문 유형을 설계하는 단계이다. 고객은 이번 세션을 통해 새롭게 인식된 패턴이나 장애 요소를 AI-트윈을 통해 재검증할 수 있는 실험을 계획하게 된다. 코치는 실험의 방향성과 효과적인 관찰 포인트를 제안한다.

40:00~55:00 실험 설계 및 질문 재설정
- "다음 시뮬레이션에서는 어떤 주제나 상황을 입력해보시겠어요?"
- "그 실험은 어떤 방식으로 달라야 할까요?"
  → 코치는 실험 설계의 방향성을 제안하고, 고객의 자기 탐색 능력 강화

(5) 마무리 및 과제 정리 (55~60분)

고객은 다음 세션 전까지 실행할 실험 주제와 AI-트윈 사용 전략을 요약한다. 코치는 자기 코칭을 위한 자문 질문이나 관찰 기준을 안내하여, 고객의 자기 주도성을 강화시킨다.

55:00~60:00 정리 및 과제 설정
- 고객은 다음 시뮬레이션 실험에서 다룰 주제와 방식, 관찰 포인트를 정리

- 코치는 다음 세션까지의 추적 질문을 제안

[표 16.3] AI-트윈 모델에서의 자기 탐색 심화

단계	고객이 경험하는 변화 (트윈 활용)	코치의 역할
1차	표면적 행동 인식	반복 패턴을 구체화시켜줌
2차	내면 동기 인식 내면 동기 및 가치 충돌 탐색	가치-행동 간 충돌 해석
3차	행동 실험 수행 새로운 행동 실험 결과 피드백	실행 전략 설계 지원 강화/변형 전략 수립
4차	자기 조율 능력 강화 지속적 자기 조율 능력 훈련	자기 코칭 질문 도입 셀프 코칭 프레임 형성

[표 16.4] 고객 변화 궤적의 주요 징후

변화 수준	고객 표현의 예시	코치 개입 방식
관찰	"나는 항상 이럴 때 이렇게 돼요."	질문을 통한 반복 인식 유도
통찰	"그건 제 성향 때문일 수도 있겠네요."	데이터 기반 피드백
실험	"이번엔 일부러 다르게 행동해봤어요."	구체적 행동 설계 지원
전환	"요즘은 스스로 돌아보게 돼요."	자기 코칭 프레임 강화

AI-트윈의 의미

AI-트윈은 고객에게는 자기 관찰과 실험의 독립된 장치로, 코치에게는 대화 이외의 통찰을 유도하는 예측 정보 소스가 된다. 고객은 프라이버시를 유지하면서도 객관적인 자기 인식을 높일 수 있고, 코치는 코칭 대화의 밀도를 높이고 반복되는 탐색을 줄이는 효과를 얻게 된다.

1. 고객: 자기이해의 증폭 장치이며, 실험과 반추의 독립 채널
2. 코치: 대화 안에서 언급되는 내용 외의 정보자원 탐색을 열어주는 예측 정보 소스

17. 결과 공유 및 이슈 협의

AI-트윈 기반 코칭의 종료 단계 설계

코칭 계약이 종료되는 시점은 단순히 서비스의 마무리가 아니라, 고객이 스스로 성장 여정을 이어가는 출발점으로 전환되는 중요한 순간이다. 특히 AI-트윈을 기반으로 한 코칭에서는, 고객이 이미 자기 탐색 및 행동 예측의 구조화된 경험을 가졌기 때문에, 종료 단계에서 이를 셀프 코칭 도구로 내면화하는 과정이 매우 중요하다. 아래는 이러한 종료 단계를 설계하고 실행하는 방법을 정리한 내용이다.

코칭 성과 리뷰: 여정을 시각화하고, 통찰을 정리하다

계약 종료 전 마지막 1~2회 세션은 전체 코칭 여정을 되돌아보고, 성과와 변화의 궤적을 함께 정리하는 시간으로 구성한다.

1. 이슈 지도ISSUE MAP 정리: AI-트윈 상에서 고객이 다루었던 주요 질문 영역을 회고하며, 코칭 세션에서의 주요 이슈 흐름을 연결해본다.
2. 내재 성향의 변화 감지: 초기 체크리스트의 자기 인식 수준과 현재의 인식 수준 차이를 대화로 탐색한다. 고객이 '이제는 다르게 느껴진다'라고 말하는 지점을 놓치지 않는다.
3. 구체적 변화 목록화: 고객이 실제로 바꾼 행동, 해낸 선택, 또는 더 이상 두려워하지 않게 된 주제를 구체적으로 목록화하여 성취감을 구조화한다.
4. 학습된 통찰 문장화: "내가 배운 건…" 또는 "이제 나는 이런 상황에서 이렇게 반응할 수 있다." 등의 자기 언어를 문장으로 정리하게 하여 내면화하도록 돕는다.

AI-트윈의 '셀프 코칭 도구' 전환 안내

AI-트윈은 계약 종료 이후에는 고객의 지속적인 자기 탐색 도구로 전환될 수 있다. 이때 코치는 AI-트윈을 어떻게 혼자 사용할 수 있을지에 대한 안내를 제공한다.

1. 질문 리터러시 강화: 고객이 AI-트윈에 입력할 수 있는 질문 유형을 몇 가지 카테고리로 안내한다.

- "나는 왜 이 결정을 미루고 있을까?" (의사결정 회피 탐색)
- "요즘 반복되는 스트레스의 원인은 무엇일까?" (패턴 자각)
- "내가 바라는 변화는 어떤 방식으로 시작할 수 있을까?" (행동 설계)

2. 반복 사용의 효과성 안내: AI-트윈은 한 번의 사용보다 반복적 사용을 통해 자기 언어의 패턴, 반응 경향성, 변화의 추적 등이 더 명확해진다. 고객에게 반복 사용의 학습 곡선을 시각적으로 설명해주는 것도 유익하다.
3. '기록'의 중요성 강조: AI-트윈 사용 시 나타난 주요 통찰을 간단히 메모하거나, 정리하는 습관이 코치 없이도 자기 성장을 가속화시킬 수 있다는 점을 안내한다.
4. 자기 코칭 루틴 설계 지원: 매주 월요일 아침, AI-트윈에 1개의 질문 입력 → 행동 예측 확인 → 금요일에 돌아보기 등의 루틴을 제안하거나 고객과 함께 커스터마이징해도 좋다.

종료 이후의 연결 설계

코칭 계약이 종료되더라도 고객이 계속해서 자신의 성장을 추적해 나갈 수 있도록 다음과 같은 구조적 마무리를 제안할 수 있다.

1. AI-트윈 '기록 백업' 안내: 고객이 주요 통찰을 문서화하여 저장

하거나, 노션/에버노트 등에 자신만의 '자기 코칭 일지'를 만들도록 유도한다.
2. 3개월 후 셀프 피드백 시점 제안: "3개월 뒤, AI-트윈에 다시 질문을 입력하고, 지금의 당신과 무엇이 달라졌는지 비교해보세요."라는 식의 안내문 제공
3. 원포인트 후속 세션 예약 옵션: 완전한 종료가 아닌, 고객이 필요할 때 1회 리플렉션 세션을 요청할 수 있도록 연결을 남겨두는 것도 심리적 안정에 기여한다.

코칭 종료 후 전달 가능한 요약 리포트

1. AI-트윈 기반 변화 키워드 요약
2. 다루었던 주요 주제 흐름 타임라인
3. 셀프 코칭 질문 세트 (AI-트윈 입력용)
4. 셀프 코칭 루틴 제안서

이러한 종료 구조는 고객이 단순히 '코칭을 받았다'는 경험을 넘어서, 자기 코칭의 주체로 전환되었다는 감각을 가지게 할 수 있다.

18. 유의사항

데이터 기반 코칭은 고객의 행동, 성향, 변화 과정을 정량적·정성적 데이터로 추적하고 분석함으로써, 코칭의 객관성과 효과성을 높이는 접근 방식이다. 그러나 이러한 접근은 단순히 데이터를 활용하는 기술적 문제를 넘어, 윤리적 기준과 코칭의 질을 함께 고려해야 한다. 코치는 다음과 같은 핵심 영역에서 세심한 주의를 기울여야 한다.

첫째, 데이터의 정확성과 신뢰성을 확보해야 한다. 코치는 신뢰할 수 있는 심리측정 도구나 설문을 사용하여 데이터를 수집하며, 동일한 조건과 방식으로 반복 측정을 진행하여 일관성을 유지해야 힌다. 수집된 데이터는 오류나 왜곡이 없는지 철저히 검토하고, 분석 시에는 개인적인 판단을 배제한 객관적 태도를 유지해야 한다. 또한, 다양한 시각에서 데이터를 다각도로 분석함으로써 고객의 상황을 더 입체적으로 이해하는 것이 중요하다.

둘째, 개인정보 보호와 윤리적 기준을 철저히 준수해야 한다. 코칭 과정에서 수집된 데이터는 민감한 개인 정보를 포함하고 있으므로, 이를 안전하게 저장하고 접근 권한을 제한하여 보호해야 한다. 분석 결과를 외부에 공유할 경우에는 고객의 신원이 드러나지 않도록 익명성을 보장해야 한다. 데이터 수집과 활용에 앞서 고객의 동의를 명확히 받는 것이 필수이며, 그 목적과 방법에 대해 충분히 설명하는 것이 윤리적 책임이다.

셋째, 피드백은 구체적이며 명확하고, 동시에 건설적이어야 한다. 코치는 데이터 기반으로 도출된 인사이트를 바탕으로 고객에게 피드백을 제공할 때, 근거가 명확하고 실제 사례와 연결된 설명을 제공해야 한다. 긍정적인 변화에 대해서는 강화 피드백을 제공하고, 개선이 필요한 부분에 대해서는 구체적인 대안과 함께 건설적인 비판을 제시함으로써 고객이 성장할 수 있는 기회를 제공해야 한다.

넷째, 데이터는 단발적 분석이 아닌, 지속적인 모니터링과 조정의 기초로 사용해야 한다. 고객의 변화는 시간이 지나며 계속 진화하기 때문에, 주기적으로 데이터를 업데이트하고 그 변화가 코칭 전략에 어떻게 반영되어야 할지를 끊임없이 재검토해야 한다. 정기적인 피드백 루프를 구축하고, 고객의 반응과 니즈에 따라 목표와 계획을 유연하게 수정하는 것이 바람직하다.

다섯째, 기술적 도구를 활용할 때는 그 기능과 안정성, 고객 경험까지 고려해야 한다. 다양한 디지털 코칭 도구나 앱을 사용할 경우, 그 기능이 코칭 목적에 부합하는지, 고객이 편리하게 사용할 수 있는 인터페이스를 제공하는지를 검토해야 한다. 또한, 기술적 오류에 대비하여 데이터를 정기적으로 백업하고, 문제가 발생할 경우 신속히 대응할 수 있는 기술 지원 체계를 확보해야 한다.

여섯째, 코치 자신의 지속적인 학습과 성장도 데이터 기반 코칭의 핵심 요소로 간주해야 한다. 데이터 기반 코칭의 효과성을 극대화하기 위해서는 최신 코칭 이론, 심리측정 도구 활용법, 데이터 분석 기법에 대한 지속적인 학습이 필요하다. 동료 코치나 전문가 집단과의 네트워킹을 통해 최신 정보를 공유하고, 자기 평가와 피드백을 통해 코칭 역량을 끊임없이 점검하고 개선해야 한다.

이와 같이, 데이터 기반 코칭은 기술적 수단의 도입을 넘어서 코칭의 윤리성과 전문성, 인간 중심 접근을 균형 있게 유지하는 통합적 시도가 되어야 한다. 코치는 데이터를 도구로 삼되, 그 사용의 방식과 과정에서 고객의 신뢰와 성장 경험이 최우선으로 고려되도록 주의를 기울여야 한다. 이러한 태도가 데이터 기반 코칭을 지속 가능하고 효과적인 실천으로 이끄는 기반이 된다.

부록.
AI-트윈 설계 가이드

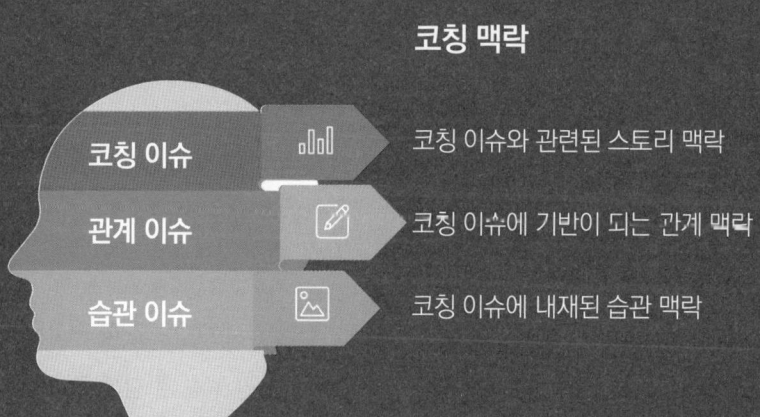

코칭 맥락

코칭 이슈	코칭 이슈와 관련된 스토리 맥락
관계 이슈	코칭 이슈에 기반이 되는 관계 맥락
습관 이슈	코칭 이슈에 내재된 습관 맥락

표면에 드러난 '코칭 이슈'만을 다루면 변화는 일시적이다. 진짜 변화는 그 이슈를 떠받치고 있는 '관계 맥락'과 반복되는 '습관 맥락'을 함께 탐색할 때 가능하다. 이 그림은 고객의 이야기를 단층적으로 해석하지 않고, 스토리의 배경(이슈), 연결된 관계(정서), 뿌리 깊은 습관(패턴)까지 입체적으로 조망해야 한다는 점을 보여준다. 코치의 질문이 맥락을 가로지르면, 변화는 깊어진다.

부록1. 데이터 초기 생성

코치의 전문성과 창의성을 활용하여, 고객의 데이터를 AI가 해석할 수 있도록 맞춤형 지침을 설계하는 핵심 단계이다. 특히 GPT-4o와 같은 고도화된 언어 모델을 활용하는 경우, 이 지침 설계 Instructional Prompt Engineering 단계는 단순한 기술 활용을 넘어 코치의 이론, 철학, 언어 감수성이 고스란히 반영되는 창조적 작업이다.

AI-트윈 기반 코칭의 핵심 출발점은, 코치가 고객의 내재 성향 데이터를 바탕으로 AI에게 주어질 해석·예측의 지침을 설계하는 단계이다. 이 작업은 단순한 프롬프트 입력이 아니라, 코치의 전문 지식, 철학, 코칭 스타일에 따라 고객의 데이터를 어떻게 바라보고 해석할지를 미리 구조화하는 고차원적 작업이다. 이를 통해 AI-트윈은 고객의 성향을 '수치 해석'이 아닌, 의미 있는 피드백과 통찰로 전환해주는 도구가 된다.

작업 흐름: 코치 중심의 AI-트윈 설계 절차

내재 성향 데이터 업로드

AI-트윈 기반 코칭을 설계할 때 첫 번째로 필요한 작업은 고객의 내재 성향 데이터를 준비하고 이를 AI 플랫폼에 업로드하는 단계이다. 이 작업은 고객에 대한 기본 이해를 가능하게 해주는 매우 중요한 시작점이며, 이후 코칭 설계와 AI 해석 방식 전반에 영향을 미치게 된다.

내재 성향 데이터란 무엇인가?

'내재 성향'이란 개인이 특정한 상황에서 일관되게 보이는 사고방식, 감정 반응, 행동 경향 등을 의미한다. 예를 들어, 어떤 사람은 '목표지향적'으로 움직이는 경향이 강한 반면, 또 다른 사람은 '타인의 반응에 민감하게 반응하는 경향'을 지닐 수 있다.

AI-트윈 설계를 위한 내재 성향 데이터는 일반적으로 다음과 같은 형태로 구성된다.

1. 성향 항목 수: 보통 30~50개 내외
2. 데이터 형식: PDF, Excel(xlsx), 또는 CSV 형태
3. 데이터 구성:
    - 각 성향 항목의 정의

- 해당 항목에 대한 고객의 자기평가 점수 (1~5점 등)
- 선택적으로 고객이 작성한 간단한 언어적 진술 예시

이러한 정보가 정리되어 있으면, AI가 고객의 성향을 바탕으로 더 정밀한 행동 예측과 언어 피드백을 제공할 수 있다.

데이터 준비 방식

코치는 고객에게 설문지 형태의 체크리스트 또는 자기 평가지를 제공하여 각 항목에 대해 응답을 유도할 수 있다. 고객이 직접 응답한 이 설문지는 아래와 같은 단계를 거쳐 활용된다.

1. **설문 응답 수집**: 고객은 온라인 또는 종이 설문지 형식으로 각 항목에 대한 자기평가를 완료한다. 가능하다면 점수 외에도 간단한 설명을 함께 기입하도록 유도하면 데이터의 해석 품질이 향상된다.
2. **데이터 정리**: 수집된 응답은 정리된 파일 형식(PDF, Excel, CSV)으로 변환된다. 일반적으로 각 성향 항목마다 항목명, 점수, 간단한 코멘트가 포함된다.
3. **GPT 프로젝트에 업로드**: 정리된 파일은 GPT 기반 플랫폼의 '파일 업로드' 기능을 사용하여 하나의 프로젝트에 첨부한다. 이 파일은 이후 AI가 응답을 생성할 때 '참고 자료'로 사용되므로, 반드시 고객 1인에 대한 정보만 포함되어야 한다.

실용 팁

1. AI 시스템은 숫자 데이터만이 아니라 언어적 진술(예: "나는 사람들과 함께 일할 때 에너지가 생긴다.")도 해석할 수 있다. 가능한 한 구체적인 언어 표현을 포함시킨다.
2. 고객의 점수가 높거나 낮은 항목은 AI에게 더 주의 깊게 분석하도록 지시할 수 있다. 예: "자기신뢰 점수가 2점이면, AI가 그 주제에 더 민감하게 응답하도록 설정"
3. 정리된 데이터의 예시는 사전에 포맷을 미리 만들어 두고, 여러 고객에게 동일한 방식으로 사용하면 운영이 훨씬 효율적이다.

이 단계의 중요성

고객의 내재 성향 데이터는 AI-트윈이 일관된 해석 기준과 문맥을 갖고 작동하게 만드는 기반이 된다. 만약 이 데이터를 생략하거나 부정확하게 수집할 경우, AI는 고객에 대해 표준적인 정보로만 응답할 수밖에 없으며, 코칭에 필요한 맞춤형 통찰이 약화된다. 즉, 이 데이터 업로드는 단순한 '기술적 단계'가 아니라, 코치가 고객을 이해하고, AI에게 그 이해를 전달하는 첫 번째 해석적 연결 고리이다.

부록2. 프로젝트 데이터 업로드

AI 기반 코칭에서 생성·활용되는 데이터가 누구의 것인지, 어떤 권리를 중심에 두고 설계해야 하는지를 명확히 정리한다. 데이터는 고객의 권리다. 고객은 자신에 대한 데이터에 대해 열람, 정정, 삭제, 이관 제한의 권리를 가진다. 데이터는 코칭 시스템의 자산이 아니라, 고객의 심리적 자기표현으로 존중되어야 한다. AI 코칭은 수많은 디지털 흔적을 생성한다. 감정 저널, 실행률, 응답 로그, 대화 패턴 등은 시스템에 저장되며, 그 자체로 고객의 '디지털 자아'를 형성하게 된다. 이제 중요한 질문은 이것이다: "이 데이터는 누구의 것인가?"

데이터 주권이란 무엇인가?

데이터 주권이란 자신에 대한 데이터가 생성·보관·해석·삭제되는 모든 과정에 대해 개인이 통제권과 결정권을 갖는다는 원칙이다. 코칭에서 데이터 주권은 고객이 단지 '동의'하는 것이 아니라, 스스로 자신의 정보와 심리 흔적을 다룰 수 있도록 설계되는 구조를 의미한다.

주요 권리 네 가지

1. 열람권: 고객은 언제든 자신의 코칭 데이터를 요청하고 확인할 수 있어야 한다.
2. 정정권: AI 해석이나 자동 리포트 내용 중 오해나 편향이 있을 경우, 고객은 정정 요청을 할 수 있어야 한다.
3. 삭제권: 세션 종료 후 일정 기간 내에, 고객은 자신의 데이터 전부 또는 일부 삭제를 요청할 권리가 있다.
4. 이관 제한권: 고객의 동의 없이 데이터가 제3자(플랫폼, 기업, 코치 외부 조직)로 이관되거나 사용되지 않도록 해야 한다.

프라이버시 침해 위험을 줄이기 위한 설계 전략

1. 데이터 사용 목적 명확화: "감정 리포트는 고객의 자기 성찰 도구로만 사용되며, 외부에 공유되지 않습니다."
2. 데이터 보관 기간 사전 안내: "모든 데이터는 코칭 종료 후 3개월 뒤 자동 삭제됩니다."

3. 삭제 요청 채널 명시: 이메일, 시스템 요청 버튼, 코치 직접 요청 등 다양한 방법 허용
4. 고객 중심 로그 설계: "고객이 로그를 '보게 하는 것'이 아니라, '내가 남기고 있는 흔적을 감각적으로 인식'하게 돕기"

조직형 코칭에서의 경계 설계

조직이 코칭을 지원하고 있다 해도, 고객의 감정 리포트와 실행 로그는 조직 관리자와 공유되지 않는 것이 원칙이다. 필요 시, 고객의 서면 동의와 공유 목적 명시가 필수다. 데이터는 정보가 아니라, 관계의 기억이며, 심리적 흔적이다. 코치는 데이터가 고객의 손 안에 남아 있도록 신뢰를 설계하는 사람이어야 한다.

AI 코칭 데이터 활용의 진화

AI 코칭이 진화함에 따라 데이터 수집·활용 방식이 어떻게 변화할 것인지, 그리고 코치의 역할이 어떻게 재정의 될지 살펴보고자 한다. 코칭은 흐름을 동행하는 감각으로 진화한다. 실시간 흐름 분석, 맞춤형 질문 경로, 윤리 설계 현장 등 AI 코칭은 더 정교해지지만, 코치는 감정·자율성·신뢰를 설계하는 존재로 진화하고 있다. 코치는 해석 기반

윤리설계자로 확장된다. AI 기술은 점점 더 정교하게 인간의 언어, 감정, 행동을 분석하고 예측할 수 있게 된다. 그러나 코칭에서 데이터의 미래는 정확성보다 '의미 중심 흐름 설계'로 진화할 것이다. 코치는 데이터 기반 코칭 시스템이 확장되는 가운데서도, 고객의 자율성과 맥락 해석 능력을 중심으로 하는 역할을 수행한다.

데이터 활용은 실시간 흐름 분석으로 확장된다

코칭은 과거 회고 기반에서 현재 흐름 기반 코칭으로 이동한다. 예를 들면, 고객이 지금 어떤 단어를 반복하고 있는지, 어떤 문장에서 감정 강도가 높게 감지되는지, 실행 리듬이 어느 지점에서 느려지는지를 실시간 시각화하는 데이터도 생성될 수 있으므로, 코치는 "지금 여기"의 반응을 함께 탐색하는 리듬분석가이자 정서 흐름조율자로 재정의 된다.

개인화 학습 경로와 코칭 리포트가 결합된다

AI는 고객의 감정 패턴, 실행 성향, 반응 방식 등을 기반으로 맞춤형 질문 루트, 실행 제안, 감정 회복 루틴을 제시한다. 코치의 역할은 이 자동 루트가 고객에게 심리적 낙인이 되지 않도록 감정 중심 복원 설계를 병행하는 것이다.

윤리 기반 데이터 설계 헌장 필요성 증가

AI 코칭 시스템이 확장되면서, 이 데이터는 누구의 기준으로, 누구를 위해 분석되고 있는가?"라는 질문이 더 중요해진다. 향후에는 코칭플랫폼, 코치, 고객이 함께 참여하는 공동 윤리선언 및 데이터 설계 헌장이 요구될 가능성이 높다. 코치는 데이터 설계의 소비자가 아니라, 공동 윤리설계자로 존재한다.

코치의 전문성: 기술을 해석 가능성으로 바꾸는 사람

코칭의 미래는 기술이 아니라 기술을 통과해 고객을 다시 만나는 코치의 감도에 달려 있다. 핵심 변화는, 기술 중심 대화 흐름설계자, 감정 중심 해석자, 윤리 중심 협상가, 실행 중심 구조화 설계자로 나아간다. AI는 흐름을 구조화하고, 코치는 그 흐름에 의미와 감정을 불어넣는 존재로 진화하고 있다. 데이터는 코치의 목적보다는, 고객의 자율성을 되돌려주는 설계 도구이다.

부록3. 해석 지침 설계

AI-트윈 기반 코칭에서 핵심 기능 가운데 하나는 고객이 AI에게 자신의 질문을 던졌을 때, 그에 대한 응답이 고객의 내재 성향에 맞는 방식으로 해석되고, 정서적으로 수용 가능한 언어로 제공된다는 점이다. 이를 위해 반드시 필요한 단계가 바로 AI 해석 지침 prompt instruction 작성이다.

해석 지침이란 무엇인가?

AI 해석 지침이란, 코치가 미리 AI에게 주는 일종의 작동 가이드로서, 고객이 질문을 입력했을 때 어떤 기준과 맥락으로 응답을 생성할 것인지를 미리 설정해 놓은 문장 집합이다. 이 지침은 고객의 내재 성향 데이터를 바탕으로, AI가 고객 맞춤형 언어, 사례, 설명 방식을 선택하도록 유도한다. 예를 들어, "고객은 높은 논리성과 낮은 감정표현 성향을 보인다."라는 정보를 바탕으로, AI는 감성적 조언보다는 분석적 설명과 대안 제시 중심의 응답을 제공하도록 설정된다.

해석 지침 작성 흐름

해석 지침은 일반적으로 아래와 같은 절차를 따라 작성한다.

1. 고객의 핵심 내재 성향 추출

설문 데이터를 기반으로 고객의 주요 성향 조합을 파악한다. 예를 들어, 목표지향성(5점), 타인지향성(2점), 감정억제(4점) 등 수치가 높은 항목이나 낮은 항목은 AI 해석 시 주요한 해석 변수로 작용하게 된다.

2. 성향별 응답 스타일 지침화

각 주요 성향에 대해 AI가 응답할 때 유의해야 할 응답 스타일을 작성한다. 예를 들어 다음과 같이 구성할 수 있다:

- "목표지향성이 높은 고객에게는 응답에서 실행계획, 단계별 전략, 의사결정 도구를 중심으로 설명하라."
- "감정표현이 낮은 고객에게는 감성적 언어는 최소화하고, 명확

하고 정제된 표현을 우선적으로 사용하라."

3. 예시문 생성 또는 금기어 설정

AI가 사용하는 문장 예시를 직접 제시하거나, 사용하지 말아야 할 단어를 정해줄 수 있다.

- 사용 권장 예: "이러한 전략은 다음 세 가지로 정리됩니다."
- 금기어 예: "당신은 충분히 사랑받을 자격이 있어요." (감정회피 성향 고객에게는 부적절)

4. AI 역할 설정 문장 포함

AI가 어떤 역할을 맡고 있는지 명확히 인식하도록 한다.

- "너는 이 고객의 내재 성향 데이터를 이해하고, 코치처럼 질문에 응답하되, 고객의 해석과 성찰을 돕는 중립적인 안내자 역할을 수행한다."

작성 예시
당신은 이 고객의 AI-트윈으로서 다음과 같은 성향 기반 응답을 생성해야 한다.

- 고객은 논리성과 구조적 사고가 높습니다. 따라서 응답 시 '사유의 단계', '선택지 구조화', '논리적 전개'를 포함하십시오.
- 감정 표현이 낮고 자기노출을 꺼리는 경향이 있습니다. 응답에 감성적인 위로나 개인적 공감 표현은 피하고, 대신 행동 옵션이나 질문 기반 안내문을 활용하십시오.
- 고객은 목표지향성이 매우 강합니다. 따라서 응답 마지막에는 '실행을 위한 다음 단계 제안'을 포함시키십시오.

작성 시 유의점
- 지침은 과도하게 세밀하지 않아야 하며, 3~5개 항목 정도로 구성하면 효과적이다.
- 고객마다 다르므로 코치가 자신만의 전문적 언어로 작성하는 것이 바람직하며, 지나친 일반화된 템플릿 사용은 피해야 한다.
- 지침은 한 번에 완벽하게 작성되기보다는 1차 작성 → 테스트 대화 → 수정 보완 단계를 반복하여 정교화하는 것이 좋다.

이 단계의 중요성
AI 해석 지침은 코치의 전문성이 투영되는 지점이며, AI-트윈이 고객에게 전달하는 언어와 메시지의 품질을 좌우한다. 동일한 질문을 하더라도 해석 지침이 어떻게 설정되었느냐에 따라 고객이 느끼는 수용성, 공감도, 실행력이 달라진다. 이 단계는, 코치가 AI를 도구로서가 아니라 자신의 연장선에 있는 코칭 보조자로 활용할 수 있게 해주는 핵심 설계 과정이다.

AI-트윈 응답의 스타일 및 맥락 설정 지침

AI-트윈 기반 코칭 시스템에서 AI가 생성하는 응답의 언어 스타일과 맥락 흐름은 고객의 몰입도, 수용도, 신뢰 형성에 매우 큰 영향을 미친다. 코치가 미리 설정한 해석 지침 내에 스타일과 맥락을 구체적으로 명시함으로써, AI 응답의 일관성과 개인화 수준을 향상시킬 수 있다.

스타일 설정이란 무엇인가?

스타일 설정이란, AI가 고객의 질문에 응답할 때 어떤 어조, 언어 톤, 설명 방식, 정서적 깊이를 사용할지를 미리 지정하는 작업을 의미한다. 이는 고객의 내재 성향, 선호하는 소통 방식, 감정 민감도 등을 고려하여 더 자연스럽고 수용 가능한 표현 방식을 유도하는 데 목적이 있다. 예를 들어, 자기신뢰가 낮은 고객에게는 지나치게 도전적인 언어나 직선적 지시보다는 격려와 질문 중심의 부드러운 스타일이 더 적합하다. 반면 목표지향성이 강한 고객에게는 분명한 방향 제시와 단계적 전략 언어가 더 효과적이다.

맥락 설정이란 무엇인가?

맥락 설정이란, AI 응답의 내용이 고객의 삶의 상황, 직무 환경, 질문의 배경, 반복된 주제 흐름 등을 반영하도록 유도하는 것을 의미한다. 이는 AI-트윈이 고객 내면의 흐름을 함께 추적하며 대화하는 '거울 동반자'로 기능하도록 만드는 핵심 요소이다. 예를 들어, 고객이 반복적으로 '변화에 대한 불안'을 표현한 경우, AI는 후속 질문에 대해 기존 맥락을 이어가며 "지난 질문에서 언급된 '예측 어려운 변화에 대한 불안'과 관련지어 보면…"처럼 대화의 흐름을 유지하도록 설계할 수 있다.

스타일 설정 방법

코치는 자신의 코칭 철학을 반영하여 응답의 어조, 문장 구조, 피드백 깊이, 질문 환기 방식 등을 지정할 수 있다.

1. 내재 성향 기반 언어 톤 조정

- 감정억제 성향이 높은 고객에게는 '정제된 표현, 분석적 톤, 최소한의 감성 언어' 사용을 설정한다.
- 감정민감성이 높은 고객에게는 '공감적 표현, 안전감을 주는 어휘, 정서적 확인 문장' 사용을 설정한다.

- 예시 옵션:
  - 해결중심적 스타일: 행동 제안 중심
  - 내러티브 중심 스타일: 의미 탐색 중심
  - 인지행동적 스타일: 사고-감정-행동 연결 강조

2. 응답 방식 지정

- 구조적 사고 선호 고객에게는 '리스트형 응답, 순서 정리, 단계별 제안' 형식을 우선 제공한다.
- 자유사고형 고객에게는 '비유, 유추, 메타포 활용'과 같은 창의적 표현을 허용한다.

3. 문체의 높낮이 결정

- 코칭적 문체(질문 중심, 개방형 응답)
- 멘토닝 문체(직접 조언, 제안)
- 정보제공 문체(사실 설명, 사례 제공)
  → 위 가운데 하나를 기본 문체로 설정하거나 혼합 비율을 조정한다.

맥락 설정 방법

1. 질문 내 맥락 추론 요청
   - "고객의 질문이 어떤 감정적 맥락에서 비롯되었는지 추론하여 응답에 반영한다."
   - "이전 입력과 연결될 수 있는 반복 주제를 우선 탐색하도록 한다."

2. 고객의 직무 및 상황 고려
   - "고객의 직무 환경이 팀 리더 중심이라면, 응답 시 협업, 위임, 리더십 시점 포함을 고려한다."
   - "고객이 경력 전환 중인 경우, 응답 내에 '불확실성 수용'과 '전환기 전략' 요소를 반영한다."

3. 대화의 일관성 유지
   - "이전 응답에서 활용된 표현이나 은유를 반복하여 사용함으로써 고객의 몰입감과 연속성을 강화한다."

설정 예시 (지침 문장 형태)

이 고객은 감정표현을 절제하는 경향이 있으므로, 응답은 중립적이고 분석적인 언어를 사용할 것. 공감 표현은 간결하게 유지하며, 정서적 해석보다는 행동 옵션 중심으로 구성할 것. 이전 질문에서 '변화에 대한 부담감'을 지속적으로 표현하였으므로, 유사한 맥락이 나타날 경우 해당 주제와의 연결 고리를 반영하여 문맥의 일관성을 유지할 것. 응답은 코칭 문체를 기본으로 하되, 필요시 전략 제안 문체를 혼합해 고객의 실행을 유도할 것.

유의사항

- 스타일과 맥락 설정은 단순한 문체 지시가 아니라 고객의 정서적 안전과 몰입감을 보장하는 장치라는 점을 기억해야 한다.
- AI의 반응 품질은 이 설정의 정교함에 따라 매우 달라지므로, 단순 톤 선택이 아닌 고객 이해를 기반으로 구성해야 한다.
- 초기 테스트 대화에서 어색한 표현이나 일관성 부족이 감지될 경우, 스타일 설정을 미세 조정하여 응답의 신뢰도를 높인다.

부록4. 지침 설계 전문성

지침 설계의 가치와 의미

1. 코치의 전문성 내재화

AI-트윈 기반 코칭에서 가장 핵심적인 구성 요소 가운데 하나는 바로 코치가 작성하는 AI 해석 지침이다. 이 지침은 코치가 가진 전문성, 경험, 철학을 AI 시스템 속에 내재화하는 도구이자, 코칭 프로세스의 품질을 좌우하는 설계 로직의 근간이 된다.

 AI는 자체적인 해석 능력을 갖고 있더라도, 고객의 내재 성향을 바탕으로 한 코칭적 해석과 개입은 코치의 전문성과 의도를 담은 지침 없이는 정확히 구현되기 어렵다. 특히 AI-트윈은 고객이 프라이빗하게 활용하는 자기 탐색 도구로 작동하므로, 응답 문장 하나하나에 코칭적 판단, 섬세한 언어 조율, 상황 맥락에 대한 이해가 녹아들어야 한다. 따라서 코치가 설계하는 해석 지침은 단순한 설정값이 아니라, 코칭 노하우의 집약체라고 할 수 있다.

지침 설계는 코치가 스스로의 코칭 접근 방식을 돌아보는 계기가 되기도 한다. 예를 들어, 특정 내재 성향(예: '관계회피', '성취압박')에 대해 어떤 관점에서 접근하고 해석할 것인지, 그리고 이를 고객에게 어떤 어투로 전달하는 것이 적절한지를 고민하면서, 코치는 자신의 코칭 전략을 명문화하고 정교화하게 된다. 이 과정은 결과적으로 코치의 철학과 개입 기준을 드러내는 과정이며, 이는 곧 자기 코칭 모델의 내재화로 이어진다.

또한, 코치는 지침 설계를 통해 자신이 고객과 맺는 관계의 방향성을 스스로 정립하게 된다. 고객에게 어떤 톤으로 이야기할 것인지, 문제 중심보다는 가능성 중심의 프레임을 유지할 것인지, 정서적 지지를 우선할 것인지 혹은 도전과 각성을 유도할 것인지 등을 구체화함으로써, AI 응답이 코치의 가치와 어긋나지 않도록 조율할 수 있다. 이러한 사전 설계 작업은 고객이 AI로부터 받는 피드백의 질과 정서적 수용 가능성을 결정짓는 중요한 변수로 작용한다.

결과적으로, 해석 지침을 설계하는 일은 단지 AI의 반응을 설정하는 기술적 조작을 넘어서, 코치의 정체성과 전문성을 디지털 공간에 이식하는 창조적 행위이다. 이는 인간 코치의 코칭 역량이 기술 시스템과 결합되어 혼합형 전문성Hybrid Expertise을 구현하는 길이며, AI-트윈 기반 코칭 시스템의 진정한 차별화 지점이라 할 수 있다.

코치는 지침 설계를 통해 자신의 전문성을 내재화함으로써, AI와 협력하여 더욱 효과적이고 신뢰도 높은 코칭 환경을 창출할 수 있다. 이는 디지털 시대의 코치에게 요구되는 새로운 역량이자, 자기 코칭 브랜드의 확장 방식으로서도 높은 전략적 가치를 지닌다. 단순한 설문 결과가 아니라, 코치가 축적한 직관과 통찰이 AI 응답 설계에 반영됨으로써, AI-트윈은 단순 분석기가 아닌 '코치화된 AI'로 기능하게 된다.

고객 맞춤형 AI-트윈 탄생은 같은 데이터를 기반으로 하더라도, 코치가 다르면 AI-트윈의 언어, 표현, 통찰 수준이 달라짐을 의미한다. 이는 고객이 자신의 상황에 더 깊이 공감하게 하며, AI-트윈 사용 지속성을 높인다. 코치는 자신의 이론적 기반(예: 긍정심리학, 애착이론, 감정지능 등)을 AI에게 언어로 '프로그래밍'함으로써, 코칭 철학과 AI 기술이 자연스럽게 접속되는 지점에서 창의적 설계가 가능해진다.

2. 고객 경험 품질의 정제화

AI-트윈 기반 코칭에서 AI가 고객에게 제공하는 피드백의 질은 지침 설계의 섬세함에 따라 결정된다. 동일한 내재 성향 데이터를 바탕으로 하더라도, 어떤 해석이 주어지느냐에 따라 고객이 체감하는 자기이해의 깊이와 몰입도가 달라질 수 있다. 코치가 미리 설계한 해석 지침은 이러한 피드백의 일관성과 정서적 수용력을 확보하는 데 핵심적인 역할을 한다.

예컨대, 고객이 '자기비판 성향'을 갖고 있는 경우, AI가 단순히 그 성향을 지적하거나 부정적으로 서술하면 고객은 방어적으로 반응하거나 자기 탐색을 중단할 수 있다. 반면, 코치가 사전에 지침을 통해 이 성향을 '성장에 대한 기준이 높은 경향'으로 해석하고, 이를 인정하면 서도 스트레스 상황에서 나타나는 자기혹평의 리스크를 조심스럽게 안내한다면, 고객은 자신을 수용하면서도 개선의 여지를 긍정적으로 바라볼 수 있다.

이처럼 지침은 고객에게 제공되는 언어의 방향성과 감정 톤을 결정함으로써, 코칭의 감정적 안전성을 확보하는 데 기여한다. 또한, 여러 차례 AI-트윈을 사용하는 과정에서 고객은 일관된 해석 경험을 받게 되므로, 자기 이해에 대한 신뢰도가 높아지고, 해석의 일관성에서 비롯된 안정감이 반복 사용을 유도한다.

궁극적으로 지침 설계는 고객의 체험 품질을 정제하고, 코칭 개입의 일관성과 전문성을 고객이 직접 느끼게 하는 장치다. 이는 코칭을 받는 고객에게 'AI가 코치의 말처럼 느껴진다', '나를 정확히 이해하고 있다는 신뢰가 든다'는 인상을 주며, 코칭 전반의 몰입도를 높이는 효과를 가져온다.

AI 코치의 데이터 해석 역량과 한계

AI 기반 코칭에서 감정, 언어, 실행 데이터를 자동 분석하는 기술의 가능성과 그 한계를 성찰하고, 코치가 보완자로서 어떻게 개입해야 하는지를 설명하고자 한다. AI는 데이터를 분석할 수 있지만, 사람을 이해할 수는 없다. AI는 빠르고 반복적인 분석에는 강하지만, 감정의 맥락,

문화적 표현, 다층 해석에는 한계를 가진다. 코치는 AI가 제공한 데이터를 고객의 의미 구조로 재통역해주는 해석 조율자여야 한다. AI는 반복 언어, 감정 빈도, 실행률 변화 등을 실시간으로 분석할 수 있다. 그 분석 결과가 고객에게 의미 있는 통찰로 연결되기 위해서는, 코치의 해석 감각과 관계 기반 판단이 반드시 함께 작동해야 한다. 기술은 정밀해지고 있으나, 코칭은 여전히 인간적인 오차와 여백을 필요로 한다.

1) AI의 강점: 속도, 반복 탐색, 감정 패턴 감지

- 빠른 텍스트 분석: 반복 단어, 문장 구조, 감정 색인 정리
- 실행 데이터 자동 수집: 클릭, 반응 시간, 체크 기록
- 시각화 기능: 감정 곡선, 실행 변화 흐름 제공
- 핵심: 코칭 흐름을 구조화하고 복기할 수 있는 기본 틀 제공에 유리함

2) AI의 한계: 맥락 부재, 문화 편향, 감정 층위 미해석

- 같은 단어도 맥락에 따라 전혀 다른 의미를 가질 수 있음
  예: "피곤해요" → 회피? 성찰 중단? 단순 신체 반응?
- 문화적 감정 표현 차이 무시
  → 직설적 표현을 강한 정서로 분류, 간접적 표현은 무시
- 다층 감정 구조 미해석

→ 겉으로 드러난 '분노' 뒤에 있는 슬픔, 수치심 등 감정의 깊이를 분리해내지 못함

3) 코치의 보완 개입 전략

- AI 감정 리포트 이후 질문 예:
  - "이 결과를 보시면서 어떤 느낌이 드시나요?"
  - "이 분석이 실제 당신의 감정 경험과 일치하나요, 아니면 좀 다른가요?"
- 해석 차이 수용:
  - "AI가 이런 분석을 내놨지만, 우리가 다르게 읽을 수도 있어요. 같이 해석해볼까요?"
- 핵심: 해석 권한을 고객에게 되돌려주는 코치의 태도

4) 코칭은 해석을 함께 만드는 관계다

AI는 예측할 수 있지만, '이 감정이 지금 왜 나왔는가'라는 존재적 질문에는 대답할 수 없다.

코치는 데이터를 기반으로 질문을 던지되, 고객과 함께 의미를 조율하고 감정을 복원하는 실천자여야 한다. AI는 코치의 도구이지, 대체자가 아니다. 정확한 분석보다 중요한 것은, 그 분석이 고객에게 어떤 감정을 남기고, 어떤 질문을 열게 했는가이다.

성장 사고의 순환

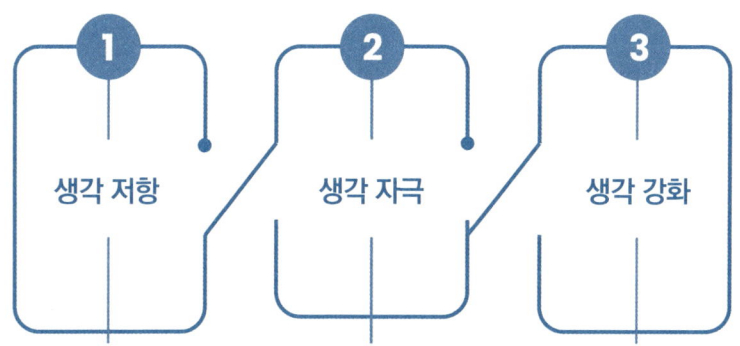

성장 사고는 단순히 긍정적인 생각을 넘어서, 내면의 저항을 인식하고 이를 자극으로 전환하며 스스로를 확장해 나가는 사고의 순환이다. 코칭은 고객이 자신의 저항을 마주할 수 있도록 돕고, AI가 감정과 언어 패턴을 포착해 자극 포인트를 제시하며, 코치는 이를 함께 해석해 새로운 생각의 흐름으로 강화될 수 있도록 지원한다.

부록5. 반복 테스트와 조율

AI-트윈 기반 코칭 시스템은 고객의 내재 성향을 기반으로 행동을 예측하고, 그에 맞춘 응답을 생성하는 구조이기 때문에, 설정된 지침이 실제 작동에서 의도한 방식으로 응답을 생성하는지 반복적으로 테스트하고 정밀하게 튜닝하는 과정이 필수적이다.

처음 코치가 작성한 해석 지침은 고객의 데이터를 바탕으로 한 합리적 설계일 수 있으나, 실제 고객이 AI-트윈에 질문을 던졌을 때 AI가 생성하는 응답이 항상 기대에 부합하지는 않는다. 따라서 지침의 타당성, 응답의 품질, 맥락 유지력, 언어 표현의 부드러움 등 여러 요소를 주기적으로 점검하고, 필요한 부분은 지속적으로 조정해야 한다.

AI-트윈 응답 테스트는 다음과 같은 절차로 수행한다. 첫째, 코치 또는 샘플 고객이 가상의 질문 세트를 입력하여 다양한 유형의 문장을 테스트한다. 이때 고객의 내재 성향이 반영된 설정값에 따라 생성되는 응답이 고객 성향에 적합한지, 감정적으로 수용 가능한지, 방향성과 전략성이 있는지를 점검한다.

둘째, 생성된 응답을 문체, 구조, 내용 충실도 측면에서 평가한다. 예를 들어, 과도하게 추상적인 표현이나 지나치게 명령형 어투, 맥락 누락 등이 발견되면 해당 부분을 중심으로 지침을 수정한다. 반복 테스트에서는 특히 동일한 질문에 대해 AI가 일관된 흐름과 어조로 응답하는지도 중요한 평가 기준이 된다.

셋째, 개선된 지침은 다시 입력하여 튜닝 전후 결과의 차이를 비교한다. 이 과정을 통해 AI가 코칭 대화의 품질을 얼마나 반영하고 있으며, 인간 코치의 의도와 얼마나 일치하고 있는지를 실질적으로 판단할 수 있다.

튜닝 과정에서는 다음의 세 가지 영역을 집중적으로 보완한다.

1. 행동 예측의 타당성: 고객의 성향이 반영된 행동 예측 결과가 실제 고객이 수용할 수 있는 언어로 제공되는가?
2. 응답 스타일의 정합성: 설정한 언어 톤, 문체, 표현 방식이 고객의 성향과 목표에 부합하는가?
3. 대화 흐름의 자연스러움: AI가 질문의 전후 맥락을 이어가며 일관성 있는 대화를 유지하는가?

이러한 반복 테스트와 튜닝은 AI-트윈의 신뢰도를 높이고, 코칭 프로세스에서 AI가 제공하는 정보의 질을 높이는 데 결정적인 역할을 한다. 특히 코칭과 같은 감성적, 정서적 민감성이 중요한 영역에서는 AI 응답의 정제된 언어 사용과 시나리오별 반응 설계가 고객의 몰입과 자기 탐색을 이끌어내는 핵심이 된다.

AI-트윈 시스템은 한 번의 설정으로 완성되는 고정형 도구가 아니라, 코치의 의도와 고객의 반응을 지속적으로 반영하며 학습하고 개선되어야 하는 유기적 도구임을 인식하는 것이 중요하다. 코치는 테스트와 튜닝을 반복하며 자신만의 스타일에 맞는 고유한 AI-트윈 환경을 만들어가야 하며, 이 과정이 코칭 전문성과 기술의 융합을 가능하게 만드는 핵심 역량이 된다.

코치는 자신이 설정한 지침으로 AI가 고객의 질문에 어떻게 반응하는지 예비 테스트를 진행한다.

AI 응답이 지나치게 일반적이거나 불편한 어투를 보일 경우, 지침을 조정하고 톤·프레임을 섬세하게 다듬는다.

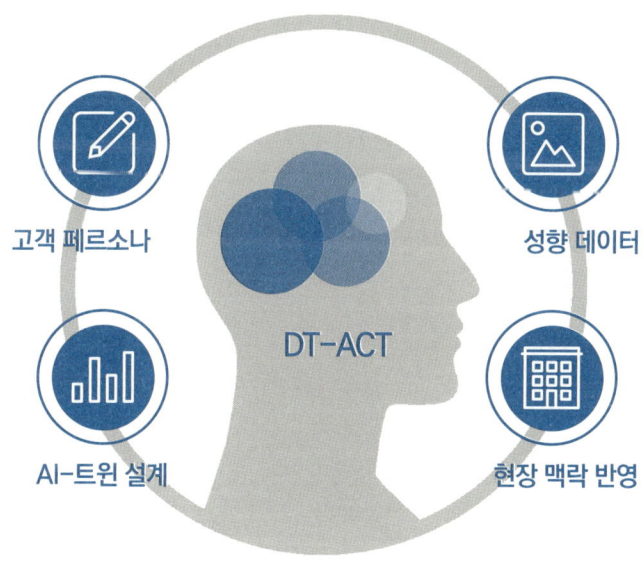

부록6. 기술 진화에 따른 변화 수용

코칭 프로세스의 표준화 기반 구축

AI-트윈 기반 코칭 시스템은 단발성 개입이 아니라 반복 가능한 구조 속에서 작동한다. 이를 위해서는 코칭의 접근 방식, 해석 기준, 행동 예측 방식이 일정한 패턴과 논리를 따라야 하며, 이를 가능하게 하는 핵심 요소가 바로 지침의 표준화 설계이다.

코치는 자신만의 언어 스타일, 가치관, 개입 전략을 지침에 담아냄으로써, 향후 다른 고객에게도 유사한 내재 성향이 관찰될 때 동일한 기준과 해석 논리를 적용할 수 있다. 이는 코칭 접근의 일관성을 보장함과 동시에, 코칭 자산의 축적과 재활용을 가능하게 한다.

또한, 코칭 프로세스의 표준화는 팀 단위 또는 조직 단위에서 AI-트윈을 활용할 경우 더욱 중요한 기반이 된다. 예를 들어, 여러 코치가 동일한 조직의 다양한 리더를 코칭할 때, 각 코치가 별도의 기준으로 AI-트윈을 세팅하게 되면 고객 간 경험의 편차가 커지고, 조직 전체

차원에서의 코칭 효과 측정도 어려워진다. 반면, 표준화된 지침을 바탕으로 각 코치가 공통된 구조로 분석과 예측을 수행할 경우, 조직 차원의 코칭 품질 관리와 비교분석이 가능해진다.

코칭 프로세스의 표준화는 코치에게도 큰 이점을 준다. 반복되는 해석 작업과 응답 설계를 체계화하면, 초기 지침 설정에만 시간을 집중하고, 이후에는 이를 기반으로 다양한 고객에게 효율적으로 적용할 수 있게 된다. 이는 디지털 코칭의 스케일 확장성과 지속 가능성을 높여주는 전략적 선택이 된다. 지침의 표준화는 코칭의 일관성, 품질, 확장성을 동시에 확보하는 기초이자, 디지털 전환 시대의 코칭 운영 모델을 구조화하는 데 필수적인 장치이다.

향후 AI-트윈의 고도화 가능성

AI-트윈 기반 코칭 모델은 기술과 데이터 해석력의 발전에 따라 향후 더욱 고도화될 여지가 크다. 특히 생성형 AI와 프라이빗 시뮬레이션 기술의 성숙도는 AI-트윈을 단순한 성향 반영 도구에서 심층 학습 기반의 자기 발달 시스템으로 진화시킬 수 있는 기반을 마련하고 있다.

우선, 현재는 코치가 수집한 내재 성향 데이터와 고객이 입력한 질문에 따라 행동 예측이 이뤄지지만, 향후에는 고객의 언어 사용 습관, 감정 표현 패턴, 반복되는 맥락 등의 비정형 데이터까지 통합 분석할 수 있는 구조로 확장될 수 있다. 이는 단순한 정적 데이터 해석을 넘어, 고객의 상태 변화와 경험 축적에 따라 지속해서 진화하는 AI-트윈을 의미한다.

또한, 코치가 직접 설정하는 해석 지침 역시 정교한 모듈로 분화될 수 있다. 예를 들어, 감정 중심 접근, 성과 중심 접근, 관계 중심 접근 등 다양한 코칭 철학에 따라 지침 템플릿이 다양화되고, 이를 기반으로 고객 유형에 맞는 맞춤형 AI-트윈 설정이 가능해진다. 이는 디지털 코칭의 다양성과 개별화를 동시에 충족시키는 방향으로 발전하게 될 것이다.

AI-트윈은 팀 단위나 조직 단위에서도 점차 정교해질 것으로 예상된다. 현재는 개별 구성원의 성향 데이터를 기반으로 상호작용을 시뮬레이션하지만, 향후에는 팀 내 실제 커뮤니케이션 로그, 프로젝트 수행 히스토리, 협업 네트워크 정보 등 현장성 높은 실시간 데이터를 접목하여, 더 현실적인 팀 역학 분석과 리더십 조정이 가능해질 것이다. 이를 통해 조직은 사전적 갈등 예방, 역할 재조정, 전략적 인력 배치 등의 혜택을 얻게 된다.

무엇보다 중요한 고도화 방향은 고객 자신이 AI-트윈을 주체적으로 활용하는 능력의 성장이다. 고객이 자신의 성향과 예측 결과를 바탕으로 스스로 피드백 루프를 만들고, 반복적인 자기 점검과 코칭 이슈 도출을 주도하는 수준에 이르게 되면, AI-트윈은 단순한 코칭 도구가 아니라 자기 주도 학습 기반의 성장 파트너로 자리 잡게 된다.

결론적으로, AI-트윈 기반 코칭은 더 지능적이고 유기적이며 상황 적응적인 모델로 고도화되어갈 가능성이 높다. 이는 코칭의 효율성과 품질을 동시에 끌어올리고, 고객의 성장을 더욱 주도적이고 입체적으로 지원하는 방향으로 코칭 산업 전체의 진화를 이끌 핵심 기술로 자리매김할 것이다.

향후 고도화 전략

AI와 협업하는 코치의 역할은 인간 고유의 해석력과 감수성을 통해 코칭의 본질을 지키고 심화시키는 존재로 재정의되고 있다. 코치는 기술이 제공하는 자동화, 구조화, 확장성의 장점을 적극 활용하되, 관계 중심의 심리적 공간을 설계하고, 정서적 흐름을 감지하며, 고객의 의미 형성과 자각 과정을 돕는 본질적 역할을 지속적으로 수행해 나갈 것으로 보인다.

기계는 구조를 만들고 인간은 의미를 부여한다. AI는 데이터를 처리하고 흐름을 설계할 수 있지만 고객의 감정 맥락을 해석하고 신뢰기반의 관계를 형성하는 것은 여전히 코치들의 고유한 책임이다. 코치는 기술을 통해 반복적인 작업이나 관리 업무의 효율성을 높여 나가는 동시에 더 많은 에너지를 심리적 공감과 인간적 연결에 투자할 수 있을 것이다.

이를 위해 코칭 세션의 전, 중, 후 흐름 속에서 AI와 코치의 개입 시점과 방식에 대한 명확한 분업 모델이 필요하고 그 분업에는 도전이 따른다. AI-트윈 모델에서는 세션 전에 고객 데이터를 기반으로 고객의 행동패턴을 정리하는 것은 AI가 수행할 수 있으며, 세션 중에는 코치가 직접 대화와 감정의 흐름을 주도한다. 이후 세션 후반이나 종료 이후에는 AI가 정리된 패턴을 바탕으로 피드백 요약, 리마인더, 후속 질문 제안을 제공할 수 있다. 이러한 역할 분담을 AI의 효율성과 코치의 감수성을 병행하여 통합적 코칭 경험을 창출하게 된다.

최근에는 AI가 코칭 세션 중 대화 흐름을 분석하여 요약을 제공하는 데 대한 저항도 점차 줄어들고 있다. 코치와 고객이 기술을 두려워하지 않고 새로운 도구를 인간 중심 관점에서 재해석할 수 있는 역량이 점차 핵심 정체성 영역 안으로 들어오고 있다. 현재 AI와의 협업 가능성 현황을 정리하면 다음과 같다.

1. 프롬프트 템플릿 공유 플랫폼화: 각 코치가 설계한 지침 템플릿을 라이브러리로 구축하여 공유함으로써, 다양한 스타일의 코칭 지침 사례를 누적할 수 있다.
2. 코치-고객 매칭용 데이터로 확장: 코치가 작성한 지침 유형을 기준으로, 유사한 니즈나 언어 스타일을 가진 고객과의 매칭에도 활용 가능하다.
3. 코치 교육용 사례로 활용: 신규 코치에게 AI 지침 설계 훈련을 제공할 때, 베테랑 코치의 프롬프트 예시를 비교 분석하여 학습하는 방식으로 전환 가능하다.

디지털 전환시대 코치의 자기혁신 방향성을 살펴보면 다음과 같은 다섯 가지 역량들이 대두된다.

① 감정 인식과 해석 역량, ② 데이터 기반 코칭 활용 능력, ③ 윤리적 판단과 책임감, ④ 기술-인간 협업 설계 능력, ⑤ 자기성찰과 학습 지속성이다. 이 다섯 가지 역량을 바탕으로 코치는 기술과 협업하면서도 인간다움을 잃지 않는 변화촉진자로서 자리매김한다.

Chat GPT 에이전트 사회의 도래

2025년 7월, OpenAi는 챗5를 공개했다.[1] 이 기능은 인공지능 기술의 진화를 한 단계 끌어올리는 시도로 알려져 있다. 챗-에이전트는 생성형 AI와는 달리 복잡한 온라인 작업을 사람을 대신하여 수행하는 대리 실행형 AI라는 점에서 주목을 받는다. 사람은 하고자 하는 일을 자연어로 설명하기만 하면 되고, 나머지는 챗-에이전트가 처리한다.

챗-에이전트는 사람의 명령을 해석한 후, 필요한 정보를 조사하고, 문서를 작성하거나 양식을 자동입력하며, 복수의 시스템 간 연동작업까지 수행한다. 예를 들어 "최근 이메일과 캘린더를 참고해서 회식 장소를 정해줘."라고 요청하면, 챗-에이전트는 이메일과 일정을 분석하고 웹에서 식당을 조사해서 제안한다. 이 과정에서 단순 검색을 넘어서 실제 웹 페이지를 탐색하고, 예약 양식을 입력하는 등 '실행 단계'

---

1) ChatGPT Pro, Plus, Team 플랜 사용자에게 제공되는 기능이며 자세한 정보는 chat.openai.com에서 확인할 수 있음

까지 관여한다.

사람들은 특별한 기술 지식 없이도 챗-에이전트를 사용할 수 있다. 도구 메뉴에서 '에이전트 메뉴'를 선택하거나, 채팅창에 '/에이전트'라고 입력하면 바로 활성화된다. 이제 작업을 설명하면 에이전트가 이를 자동으로 해석하고 필요한 절차를 시작한다. 중요한 결정이 필요한 단계에서는 중간에 확인을 요청하거나 질문을 던지며, 사람의 통제권을 존중한다. 또한 진행 중 언제든지 사람이 개입하거나 중단할 수 있으며, 추가 지시를 내릴 수도 있다. 작업은 대부분 5분에서 30분 내에 완료되며, 반복적인 업무는 일정 기능을 통해 자동 반복 설정도 가능하다.

챗-에이전트는 이제 Pro, Plus, Team 사용자에게 제공되며, 기업용과 교육용 사용자는 곧 이용가능할 예정이다. 웹, 모바일앱, 데스크탑 앱에서 모두 사용할 수 있으며 유럽경제지역과 스위스에서만 제공되지 않는다. 챗-에이전트는 정보를 수집하거나 판단할 때 근거가 되는 링크나 스크린샷을 명확히 제시한다. 사람들은 언제든지 해당 출처를 검토해서 결과의 정확성과 신뢰도를 확인할 수 있다.

OpenAi는 에이전트 사용 중 발생할 수 있는 프롬프트 인젝션 공격에 대해 강력한 방어체계를 구축하고 있다. 이 공격은 악의적인 웹 콘텐츠나 코드가 Ai에이전트를 조종해서 사람들의 민감한 데이터를 무단으로 전송하게 하는 방식이다. 이를 방지하기 위해 OpenAi가 제시하는 안전 지침은 다음과 같다.

- 작업 목적과 무관한 커넥터는 비활성화할 것

- Gmail, 구글 드라이브 등의 민감한 서비스에는 로그인 후 작업이 끝나면 반드시 로그아웃할 것
- 수상한 행동이 보일 경우 즉시 작업을 중단할 것
- 설정에서 가상 브라우저의 쿠키 및 로그인 정보를 주기적으로 삭제할 것

비밀번호나 로그인 등 민감한 정보 입력이 필요한 경우 ChatGPT 에이전트는 자동으로 입력을 중단하고 사람에게 브라우저 제어권을 위임한다. 사람이 직접 정보를 입력하며, 이때는 스크린샷이 저장되지 않으며 AI 모델이 정보를 수집하지 않는다. 또한 가상 브라우저는 실제 브라우저처럼 쿠키를 유지하여 로그인 상태를 일정 기간 간직하고, 필요시 수동 삭제가 가능하다.

에이전트 기능의 핵심은 바로 가상 브라우저에 있다. 이는 사람의 행동을 시각적으로 모방하면서 버튼 클릭, 텍스트 입력, 링크 탐색 등을 수행한다. OpenAi는 이를 통해 기존 오퍼레이터 기능을 흡수하였으며, 독립 웹사이트였던 operator.chatgpt.com은 곧 종료될 예정이다. 챗-에이전트는 단순한 대화형 AI의 한계를 넘어 사람의 손과 눈을 대신하는 디지털 조력자로 진화하고 있다. 자동화된 실행과 세밀한 조정, 안전한 사용 경험까지 겸비하여 지식노동의 생산성을 획기적으로 향상시킬 도구로 자리 잡을 전망이다. 이 기능은 일정 자동화, 문서 처리, 조사보고서 작성 등 다양한 업무에 접목될 수 있고, 개인 사용자뿐 아니라 팀 단위 스마트워크 환경에서도 높은 효율성을 발휘할 것으로

기대된다.

　디지털 전환으로 인하여 이전 시스템의 무력화를 가져오는 경우도 많다. 그렇지만 대형 투자를 동원해서 화이트 라벨 AI를 훈련시켜서 코칭에 활용하는 기업형 방식을 사용하지 않고, 생성형 AI를 개별적으로 활용하고, 코치와 고객의 자기성찰에 활용하도록 모델링한 AI-트윈 모델은 챗-에이전트의 등장에도 영향을 받지 않을 것으로 보인다.

범용 AI 사용에 대한 실천 강령, 코드 오브 프랙티스

2025년 8월부터 발효되는 EU AI 관련 법안의 실천 강령에서는 범용 인공지능 사용 관련 세 가지 지침을 다루고 있다. 주요 내용은 다음과 같다.

1. 투명성: AI 모델 제공자가 법적 투명성 요건을 충족하도록 문서화 템플릿을 제공
2. 저작권: EU 저작권법 준수를 위한 실무적 가이드
3. 안전 및 보안: 고위험 범용 인공지능 시스템을 위한 리스크 대응 기준 및 절차로 시스템 리스크가 있는 범용 AI에만 적용

　이 범용 인공지능 코드 오브 프랙티스는 AI 모델 제공자들이 법적 의무를 이행하는 데 실질적인 기준이 될 전망이다. EU가 이 지침을 통

해 강조한 핵심 가치는 세 가지다. 투명성, 저작권 준수, 안정과 보안 확보로서 기술 기업들이 현장에서 참고할 수 있도록 정리되어 있다.

투명성을 강조하는 것은 인공지능 시스템이 어떻게 작동하며, 어떤 데이터를 바탕으로 결과를 내놓는지에 대해 일반 사용자, 기업 고객, 감독 기관 등이 모두 이해할 수 있어야 한다는 것이다. 이 내용은 EU의 AI법 제53조에서 요구하는 '모델 제공자의 투명성 의무'를 구체화한 부분이다. AI 시스템을 설계하고 배포하는 기업이 어떤 정보를, 어떤 형식으로 문서화해야 하는지를 알려주는 사용자 중심의 투명성을 설명하는 내용으로, 모델 학습에 사용된 데이터의 범위, 알고리즘이 어떤 방식으로 결론에 도달하는지 등 핵심 정보를 명확히 설명해야 한다는 점을 강조한다.

창작물 보호를 다루는 저작권 부분은 AI가 창작물을 학습 데이터로 활용하는 과정에서 EU의 AI법 제53조를 어떻게 준수할 수 있는지 안내한다. 기업들이 자사 모델에 어떤 콘텐츠가 포함되어 있는지 점검하고, 데이터 수집 과정에서의 법적 전략을 어떻게 수립해야 할지를 제시하는 내용으로 오픈 라이선스 기반 콘텐츠만 사용하거나, 원저작권자와의 명확한 계약 체결 절차를 마련하는 등의 방법이 포함된다.

안전 및 보안을 안내하는 세 번째 장에서는 범용 AI 모델 가운데 시스템 리스크를 지닌 모델 제공자에게만 적용된다. 이는 특정 분야가 아니라 광범위한 용도로 활용되는 대형 AI 모델(GPT류, 멀티모달 생성형 모델 등) 중 사회적으로 큰 영향을 미칠 수 있는 경우가 대상이다. 고위험 AI 시스템이 시장에 유입되기 전부터 리스크 평가와 대응

계획 수립, 보안 검토, 모니터링 체계 마련 등이 선제적으로 이뤄져야 한다고 명시되어 있다. 지금까지는 업계에서 선출시-후리뷰 방식이 많았던 것에 비해 이 지침은 사전 예방형 규제모델에 가깝다고 볼 수 있다. 이 내용에서는 보안기술 적용뿐 아니라 데이터 편향성 탐지, AI 결과의 오류 가능성 검증 등 윤리적 문제까지도 리스크 관리 항목에 포함시킨 것이 특징이다.

코드 오브 프랙티스에 대해 쥐르겐 힐[2]은 CIO에 발표기사를 통해 이 실천지침은 기술업계, CEO, CIO, NGO 모두 문제를 제기하고 있다고 설명한다. 지침 자체는 명확성을 제공하게 하는 기회라고 보면서도 과도한 감사 요건과 과중한 행정 부담, 그리고 위험 식별 요구 강화에 대한 우려 등을 포함한다는 내용이다. 물론 NGO는 아직도 시민과 중소기업 보호가 부족하다고 주장한다. 이 지침은 법적 기준과 실무 지침 간의 간극을 줄이려는 시도지만, 실제 적용을 앞두고 기업과 시민사회 모두로부터 반발을 받는 형국이다.

독립 코치들은 아직 AI와의 협업에서 EU 지침을 고려할 상황은 아니다. 코칭 전문성 영역에서 다루는 데이터들이 민감한 개인의 데이터들이고, 임상 정보를 다양하게 공유할 수 없는 여건을 감안해서 살펴보는 상황이다. 고객이 스스로 고객의 데이터를 다루고, 스스로 자신의 성장에 걸림돌이 되는 장애 패턴을 선별하도록 지원하는 모델을 발전시키는 편이 낫다는 독립 코치의 입장에서 개발한 AI-트윈 모델도 적용 방안을 점검하는 차원에서 살펴봤다.

---

2) Jürgen Hill, 'EU guidelines on AI use met with massive criticism', CIO, 2025년 7월 16일자 기사

코칭 계약 후 고객에게 다양한 단계로 전문성이 담긴 지침과 고객 성향을 묶어서 고객의 트윈을 생성해주는 것은 코치에게는 도전이 될 수 있다. 스스로 계속 전문성을 높여나가겠다는 다짐을 하는 것과 같다. 고객이 자신에 대한 이해가 넓어지고 깊어질 때 코치 또한 그렇게 다룰 수 있어야 하기 때문이다. 그 점에서 코치들이 상호협력하며 같이 성장할 필요성도 커진다.

에필로그

이렇게 새로운 시도를 해 볼 수 있어서 기뻤습니다. 이렇게 작성한 정리본은 제게 도움이 되므로 친구와 동료들에게도 도움이 되면 좋겠습니다.

저는 처음 시작이 어려운 사람입니다. 조금 해보고 나서야 어떤 식으로 수정해서 내 행동패턴과 맞출 수 있는지 감이 생깁니다. 저의 행동패턴도 그렇게 안정되었다가 새롭게 바뀌기를 반복하고 있습니다. 저는 그게 저의 성장이라고 생각합니다. 누군가 저처럼 시작이 되어 있는 곳에서 나아가기를 즐기는 분들은 이 내용에서 시작하시면 좋겠습니다. 그리고 가져다 쓰시면서 이만큼 축적해주신 분들께 같이 감사하는 마음을 지니고 살아갔으면 좋겠습니다. 그 옛날 글자가 없던 시절이나 양피지라는 고급 용지가 있어야 기록할 수 있었던 그 시기부터 지금까지 축적과 변경을 하염없이 해오는 우리 인간들에게 고맙고 그걸 통해 정리를 지원하는 AI들도 고맙습니다.

이만큼을 쥐고 다시 새롭게 다가오는 시간들을 직면하러 갑니다. 모두 행복하게 그 길을 가시길 바랍니다. 저처럼.

2025년 07월

허영숙

용어 정리

AI-트윈 코칭 이해를 위한 핵심 개념

1. AI-트윈 – 실제 사람(혹은 사물)의 특성과 행동을 데이터로 표현해 가상 모델로 구현한 것. 코칭에서는 고객의 성향, 행동 패턴 등을 반영하여 코치가 함께 사용할 수 있는 디지털 거울 또는 가상 시뮬레이션 모델로 활용됨
2. 내재 성향 – 사람이 타고난 경향성이나 오래도록 유지되는 성격적 특성. 예를 들어, '자율성을 중시함', '명확한 기준을 선호함' 등은 내재 성향에 해당함. AI-트윈은 이 성향 데이터를 바탕으로 만들어짐
3. 프라이빗 시뮬레이션 – 오직 한 사람의 데이터를 기반으로 특정 상황에서의 반응을 예측하는 비공개 맞춤형 예측 실험. 조직이나 외부 시스템과 연결되지 않고, 개인의 AI-트윈 안에서만 이루어지는 것이 특징임
4. 자기 탐색 – 내가 어떤 사람인지, 왜 이런 방식으로 행동하는지를

이해하는 과정. AI-트윈은 나의 성향을 구조화해 보여줌으로써 자기 탐색을 돕는 역할을 함

5. 행동 예측 – 어떤 상황에서 내가 어떻게 행동할 가능성이 높은지를 미리 가상으로 예측하는 과정. 예: "압박을 받을 때 회피할까? 돌파할까?" 같은 질문에 시뮬레이션으로 답을 제시함

6. 성장점 진단 – 나의 성향과 조직의 기대, 관계, 환경이 부딪히는 지점을 찾아내는 작업. 반복적인 불편, 갈등, 저성과 등의 원인을 진단하는 데 사용됨

7. AI-트윈 기반 코칭 – 고객의 내재성향 데이터를 바탕으로 한 AI-트윈을 활용해, 자기이해-예측-진단-실행계획의 흐름으로 코칭을 설계하고 지원하는 방식. AI와 사람이 함께 참여하는 혼합형 코칭 모델임

8. 시뮬레이션 기반 피드백 – 고객의 AI-트윈을 통해 가상 상황에서 예측된 행동을 바탕으로 코치가 피드백과 질문을 설계하는 방식. 실제 경험과 시뮬레이션 결과를 비교하면서 자기 성찰을 유도함

[참고 자료1] 고객 사전 인터뷰 (예시)

명칭	설명	수준
목표지향성	목표는 정하지만, 중간에 흐지부지되는 경우가 종종 있다.	
성취추구	목표 달성을 위해 노력하지만 결과보다 과정도 중요하게 여긴다.	
책임감	예상치 못한 문제도 내가 책임진다는 마음으로 주도적으로 움직인다.	
실행중심성	계획을 세우면 실행에 옮기려는 경향이 강한 편이다.	
자기조직화	해야 할 일을 나름대로 체계화해서 관리하려 노력한다.	
공감성	감정 변화가 느껴지면 상황을 살펴보려고 한다.	
수용성	상대가 다르더라도 일정 부분은 인정하려 한다.	
인정욕구	타인의 평가에 예민하게 반응하며, 인정받으면 동기 부여가 된다.	
갈등회피 성향	마찰이 생길까봐 조심하며, 상황을 유하게 만들려고 애쓴다.	
외향성	사람들과 함께 있으면 에너지가 생기고 활력을 느낀다.	
대인신중성	쉽게 마음을 열지 않고, 감정 표현은 최대한 억제하려 한다.	
성찰성	가끔 돌아보긴 하지만, 대체로 지나간 일은 잊는 편이다.	
자기신뢰	주변의 의심이나 비판이 있어도 내 감각과 판단을 깊이 신뢰한다.	
진정성	내가 중요하게 여기는 가치에 따라 말하고 행동하려 노력한다.	
가치중심성	내 선택의 기준은 언제나 나의 신념과 가치에 맞추려 한다.	
자기효능감	어떤 도전이든 결국 내가 해낼 수 있다고 강하게 믿는다.	
자율성	모든 일은 내 판단으로 결정하고 싶고, 독립적인 삶을 지향한다.	
변화수용성	변화가 오히려 자극이 되며, 자연스럽게 적응해나간다.	
미래지향성	미래를 계획하며 현재의 선택과 연결 짓는 편이다.	
불확실성 포용력	명확하지 않아도 움직이며 방향을 잡아가려 한다.	
모험성	불확실하더라도 도전할 만한 가치가 있으면 적극 시도한다.	
자기갱신 욕구	나 자신을 새롭게 바꾸고 도전하는 걸 중요하게 여긴다.	

명칭	설명	수준
독립성	누구의 영향도 받지 않고 스스로 판단하고 움직이는 걸 원한다.	
감정조절	감정이 올라와도 비교적 침착하게 다스릴 수 있다.	
회복력	실패나 좌절 후 스스로 회복하려 애쓰며 점차 나아진다.	
감정표현성	감정이 있어도 잘 참거나 숨기려 한다.	
에너지 관리	에너지 조절의 필요성은 알지만 실천은 잘 안 된다.	
불안 민감성	가끔 걱정이 많지만 잘 조절하는 편이다.	
스트레스 감수성	스트레스를 받을 수는 있지만 금방 털어낸다.	
체계적 사고	문제를 단계적으로 풀어가고, 논리적 구조를 선호한다.	
논리성	말이나 판단에 논리적 근거를 두려고 한다.	
심층사고	말과 행동 뒤에 숨어 있는 동기나 이유를 자주 탐색한다.	
직관적 통찰	직관이 떠오르면 참고하긴 하지만 검증도 필요하다.	
우선순위 설정력	우선순위를 정하려 하지만 실천은 잘 되지 않는다.	
예측 선호	결과가 어느 정도 예상돼야 안정감을 느끼며 움직인다.	

용어 정리

[참고 자료2] 고객 데이터 진단 도구 (예시)

내재 성향	정의	1	2	3	4	5
목표 지향성	명확한 목표를 설정하고 이를 달성하기 위해 집중하고 추진하는 성향	목표를 세우기보다는 그때그때 상황에 따라 움직이는 편이다.	목표는 정하지만, 중간에 흐지부지 되는 경우가 종종 있다.	목표가 있으면 일단 시도해 보며, 어느 정도 꾸준함을 유지하려 한다.	구체적인 목표를 세우고 이를 달성하려고 계획적으로 움직인다.	목표가 있어야 동기부여가 되고, 성취 여부에 매우 민감하게 반응한다.
성취 추구	스스로 높은 기준을 설정하고 그에 도달하기 위해 성과를 추구하는 성향	결과에 크게 욕심이 없고, 최소한만 해도 괜찮다고 생각한다.	어느 정도 성과는 중요하지만, 꼭 최고가 되려고 하진 않는다.	목표 달성을 위해 노력하지만 결과보다 과정도 중요하게 여긴다.	성과를 내는 것이 중요하며, 일정 수준 이상을 이루기 위해 집중한다.	늘 최고 수준의 결과를 기대하고, 스스로에게 높은 기준을 요구한다.
책임감	자신이 맡은 일이나 역할에 대해 끝까지 책임지려는 성향	맡은 일이 잘 안되면 상황이 나 다른 사람 탓을 하는 편이다.	책임을 지려고는 하지만, 피하고 싶은 마음도 종종 든다.	대부분의 경우 맡은 일은 끝까지 해내려 한다.	어떤 상황이든 자신의 역할은 끝까지 책임지려는 편이다.	예상치 못한 문제도 내가 책임진다는 마음으로 주도적으로 움직인다.
실행 중심성	생각보다는 행동을 우선시하며, 계획을 실제로 움직이게 하는 성향	아이디어는 많지만 실제로 움직이는 데에는 소극적인 편이다.	행동으로 옮기기 전에 생각이 많아지고 망설이는 경향이 있다.	필요하면 행동하지만, 먼저 움직이기보다는 상황을 지켜보는 편이다.	계획을 세우면 실행에 옮기려는 경향이 강한 편이다.	빠르게 실행하면서 배우고 조정하는 것을 선호한다.
자기 조직화	자신의 일과 시간, 환경을 스스로 구조화하여 효율적으로 관리하려는 성향	정리나 계획 없이 즉흥적으로 움직이는 게 더 편하다.	스스로 조직화하려 하지만 쉽게 흐트러지는 경우가 많다.	기본적인 계획은 세우되 융통성 있게 움직이는 편이다.	해야 할 일을 나름대로 체계화해서 관리하려 노력한다.	일정, 자료, 업무 흐름 등 모든 것을 스스로 체계화하지 않으면 불안하다.

내재성향	정의	1	2	3	4	5
공감성	타인의 감정과 관점을 민감하게 읽고, 정서적으로 반응하는 성향	다른 사람의 감정을 잘 모르겠고, 크게 관심도 두지 않는다.	감정은 눈치 채지만 거기에 개입하고 싶지는 않다.	감정 변화가 느껴지면 상황을 살펴보려고 한다.	타인의 감정과 분위기에 민감하며 잘 맞춰주는 편이다.	다른 사람의 감정에 쉽게 이입하며, 그 감정이 내 감정처럼 느껴진다.
수용성	다양한 성격, 배경, 의견을 있는 그대로 받아들이려는 성향	나와 다른 사람을 보면 불편하거나 거부감이 먼저 든다.	다름을 이해하려고 하지만, 선을 긋는 편이다.	상대가 다르더라도 일정 부분은 인정하려 한다.	다양한 배경이나 관점을 비교적 열린 태도로 수용한다.	어떤 차이도 있는 그대로 존중하고, 그 안에서 배움을 얻으려 한다.
인정욕구	타인의 인정, 칭찬, 긍정적 평가에 대한 민감한 욕구	다른 사람이 나를 어떻게 보든 별로 신경 쓰지 않는다.	피드백은 참고 하지만, 그에 휘둘리지는 않는다.	인정받으면 기분 좋지만, 꼭 필요하지는 않다.	타인의 평가에 예민하게 반응하며, 인정받으면 동기 부여가 된다.	인정이나 칭찬이 없으면 불안하고, 스스로를 부정하게 느낀다.
갈등회피성향	대립 상황이나 갈등을 피하거나 누그러뜨리려는 경향	갈등이 생기면 정면으로 부딪히며 해결하려 한다.	불편한 상황도 피하지는 않지만, 최소한의 마찰로 해결하려 한다.	갈등 상황을 가능한 한 부드럽게 넘기려 노력한다.	마찰이 생길까봐 조심하며, 상황을 유하게 만들려고 애쓴다.	갈등 상황을 매우 불편하게 느끼며, 어떤 일이 있어도 피하려 한다.
외향성	타인과의 상호작용에서 에너지를 얻고, 표현과 소통을 즐기는 성향	사람들과의 대화보다는 혼자 있는 게 훨씬 편하다.	필요할 때는 소통하지만, 에너지는 혼자 있을 때 충전된다.	때로는 사람들과 어울리고, 때로는 혼자 있고 싶다.	사람들과 함께 있으면 에너지가 생기고 활력을 느낀다.	누군가와 계속 소통하고 교류하지 않으면 쉽게 지루해진다.

내재 성향	정의	1	2	3	4	5
대인 신중성	타인과의 관계 형성 시 신중하게 접근하고 감정을 조절하려는 성향	사람들과 금방 가까워지고, 감정을 잘 드러낸다.	대체로 편하게 다가가지만, 감정 표현은 조절하는 편이다.	상황을 보며 감정과 거리를 조절하려 노력한다.	낯선 사람과는 일정한 거리를 유지하며 조심스럽게 접근한다.	쉽게 마음을 열지 않고, 감정 표현은 최대한 억제하려 한다.
성찰성	자신의 경험, 감정, 선택을 되돌아보며 의미를 찾고 통찰을 얻는 성향	지나간 일에 대해 굳이 다시 생각해 보진 않는다.	가끔 돌아보긴 하지만, 대체로 지나간 일은 잊는 편이다.	중요한 일이 생기면 스스로 되돌아보며 의미를 찾으려 한다.	종종 감정이나 경험을 정리하며, 내게 어떤 의미인지 성찰한다.	거의 모든 경험을 되돌아보며 깊은 통찰을 얻으려는 습관이 있다.
자기 신뢰	자신의 판단, 감정, 선택을 신뢰하고 따르려는 성향	내 판단보다 다른 사람의 말이 더 맞는 것 같아 의존하는 편이다.	혼자 결정할 수는 있지만, 자주 확신이 부족하다.	기본적으로 내 생각을 믿지만, 중요한 일에는 외부 의견도 많이 참고한다.	내 선택에 대한 책임을 지고, 스스로 믿고 나아가는 편이다.	주변의 의심이나 비판이 있어도 내 감각과 판단을 깊이 신뢰한다.
진정성	외부 기준보다 내면의 가치와 감정에 따라 일관되게 살아가려는 성향	상황에 맞춰 내 생각이나 감정을 잘 숨기는 편이다.	사람들 눈치를 보며 내 기준과 타협할 때가 종종 있다.	내 감정과 외부 기대 사이에서 균형을 잡으려 한다.	내가 중요하게 여기는 가치에 따라 말하고 행동하려 노력한다.	외부 평가보다 내 진심에 충실한 삶을 선택하며, 그게 나의 기준이다.
가치 중심성	삶의 방향과 선택에 있어 개인의 신념과 가치를 중시하는 성향	선택할 때 가치를 따지기보다는 현실적인 조건을 우선 고려한다.	가끔은 내가 중요하게 여기는 가치가 뭔지 헷갈릴 때가 있다.	가치도 중요하지만, 실용적인 판단도 함께 고려한다.	내 선택의 기준은 언제나 나의 신념과 가치에 맞추려 한다.	어떤 상황에서도 나의 핵심 가치를 어기지 않으려 노력한다.

내재성향	정의	1	2	3	4	5
자기 효능감	자신이 목표나 과제를 성공적으로 해낼 수 있다는 믿음과 자신감	뭘 해도 잘 안 될 것 같고, 쉽게 자신감이 떨어진다.	시도는 하지만 '나는 원래 못해'라는 마음이 자주 든다.	해낼 수 있다는 믿음이 있지만, 상황에 따라 흔들릴 때도 있다.	대부분의 일에서 '내가 하면 된다'는 믿음을 갖고 있다.	어떤 도전이든 결국 내가 해낼 수 있다고 강하게 믿는다.
자율성	타인의 간섭 없이 스스로 선택하고 행동하려는 성향	누군가 방향을 정해주는 게 편하고, 따라가는 게 익숙하다.	내 뜻대로 하고 싶지만, 눈치나 외부 기준에 흔들릴 때가 많다.	어느 정도는 스스로 결정하지만, 중요한 일은 조언을 구한다.	내 삶은 내가 주도해야 한다는 생각으로 선택하려 한다.	모든 일은 내 판단으로 결정하고 싶고, 독립적인 삶을 지향한다.
변화 수용성	환경 변화나 새로운 상황에 유연하게 적응하고 수용하는 성향	변화가 생기면 불편하고 거부감부터 든다.	변화에 적응은 하지만 시간이 오래 걸린다.	변화가 있으면 일단 받아들이려 노력하는 편이다.	예상치 못한 상황에도 유연하게 대응하고자 한다.	변화가 오히려 자극이 되며, 자연스럽게 적응해나간다.
미래 지향성	현재보다 미래를 중요하게 여기고 장기적 관점에서 사고하는 성향	미래보다는 지금 당장의 일이 더 중요하다고 생각한다.	미래를 생각은 하지만, 실제 행동은 현재 위주로 한다.	가까운 미래는 계획하지만 멀리 내다보는 건 어렵다.	미래를 계획하며 현재의 선택과 연결 짓는 편이다.	항상 장기적 관점으로 삶과 경로를 설계하려 한다.
불확실성 포용력	명확하지 않거나 예측하기 어려운 상황에서도 불안을 조절하고 받아들이는 성향	뚜렷한 기준이나 확실한 계획이 없으면 매우 불안하다.	예측 불가능한 상황은 되도록 피하고 싶다.	불확실성은 불편하지만 어느 정도는 견딜 수 있다.	명확하지 않아도 움직이며 방향을 잡아가려 한다.	오히려 불확실성이 기회처럼 느껴지고, 유연하게 반응한다.
모험성	새로운 시도나 결과가 불확실한 도전을 감수하려는 성향	위험 부담이 있는 선택은 최대한 피하려 한다.	작은 도전은 해보지만, 큰 변화는 부담스럽다.	리스크가 있더라도 가치 있다면 시도해 볼 수 있다.	불확실하더라도 도전할 만한 가치가 있으면 적극 시도한다.	새로운 도전과 리스크가 있을수록 더 의욕이 생긴다.

내재성향	정의	1	2	3	4	5
자기 갱신 욕구	정체되거나 익숙한 상태에 머무르기보다 자신을 끊임없이 새롭게 변화시키려는 성향	익숙한 방식이 편하고, 굳이 바꾸고 싶지 않다.	변화가 필요하다는 건 알지만, 선뜻 실천하긴 어렵다.	일정 주기마다 변화나 성장을 시도하긴 한다.	나 자신을 새롭게 바꾸고 도전하는 걸 중요하게 여긴다.	늘 새로운 나로 진화하고 싶어 하며, 변화가 삶의 필수라 생각한다.
독립성	타인의 기대나 구조에 의존하기보다는 스스로 결정하고 행동하려는 성향	주어진 틀이나 기준이 있어야 마음이 편하다.	어느 정도는 독립적으로 하려 하지만, 지지나 확인이 필요하다.	혼자 결정하려 하지만, 중요한 순간엔 누군가의 의견을 참고한다.	내 방식대로 선택하고 행동하는 걸 중시한다.	누구의 영향도 받지 않고 스스로 판단하고 움직이는 걸 원한다.
감정 조절	강한 감정이나 긴장을 스스로 다스리며 안정적으로 반응하는 성향	감정이 올라오면 쉽게 폭발하거나 멍해진다.	감정을 억제하려 하지만 자주 표출되고 통제가 어렵다.	감정을 조절하려고 노력하지만 상황에 따라 흔들린다.	감정이 올라와도 비교적 침착하게 다스릴 수 있다.	강한 감정이 들어도 스스로 균형을 잘 유지하며 반응한다.
회복력	실패나 스트레스 상황에서 다시 회복하고 전진할 수 있는 심리적 탄력성	어려운 일이 생기면 한동안 무기력해지고 벗어나기 힘들다.	시간이 지나면 괜찮아지긴 하지만 회복에 오래 걸린다.	실패나 좌절 후 스스로 회복하려 애쓰며 점차 나아진다.	어려운 상황에서도 금세 다시 마음을 다잡고 나아간다.	실패나 시련이 있어도 거의 곧바로 다시 일어나 움직인다.
감정 표현성	자신의 감정을 외부에 자연스럽게 드러내고 공유하는 성향	감정 표현이 어색하거나 거의 드러내지 않는 편이다.	감정이 있어도 잘 참거나 숨기려 한다.	친한 사람에겐 감정을 표현하지만, 상황을 따져 조절한다.	기쁘거나 힘든 일이 있으면 주변과 자연스럽게 나눈다.	자신의 감정을 숨기지 않고 솔직하게 표현하는 것이 익숙하다.

내재 성향	정의	1	2	3	4	5
에너지 관리	일과 삶에서 자신의 에너지 상태를 인식하고 균형 있게 조절하는 성향	에너지가 떨어져도 계속 무리하다가 탈진하는 경우가 많다.	에너지 조절의 필요성은 알지만 실천은 잘 안 된다.	피곤하거나 과로할 때 스스로 멈추려는 노력을 한다.	일과 휴식의 균형을 고려하며 에너지를 조절하려 한다.	내 에너지 상태를 잘 인식하고, 능동적으로 충전하는 습관이 있다.
불안 민감성	미래의 위협이나 불확실성에 대한 감정적 반응이 예민하게 나타나는 경향	대부분의 상황에서 불안보다는 현실적인 판단을 우선한다.	가끔 걱정이 많지만 잘 조절하는 편이다.	불안한 상황에서는 감정이 흔들리는 편이다.	미래나 결과에 대한 걱정이 자주 올라오며 행동을 조심하게 만든다.	불확실하거나 예측 어려운 상황에서 극심한 불안을 느낀다.
스트레스 감수성	외부 자극이나 기대, 환경 변화에 대한 심리적 스트레스를 민감하게 느끼는 성향	웬만한 일로는 스트레스를 거의 느끼지 않는다.	스트레스를 받을 수는 있지만 금방 털어낸다.	일정한 스트레스가 지속되면 피로감이 누적된다.	작은 일도 부담으로 다가오며 긴장이나 짜증으로 이어진다.	다양한 상황에 쉽게 압박감을 느끼며 스트레스에 예민하게 반응한다.
체계적 사고	정보를 조직화하고, 단계적으로 분석하며 문제를 접근하려는 성향	복잡한 문제는 직관적으로 접근하고 세부는 신경 쓰지 않는다.	계획은 세우지만 구조화보다는 감각에 의존하는 편이다.	필요할 때 논리적으로 접근하지만, 모든 걸 정리하지는 않는다.	문제를 단계적으로 풀어가고, 논리적 구조를 선호한다.	모든 일에서 흐름, 구조, 순서를 중시하며 분석적으로 접근한다.
논리성	사고 과정에서 일관성과 합리성을 중시하며 판단하는 성향	감이나 분위기로 판단하는 걸 더 선호한다.	감정과 논리를 섞어 판단하지만, 직관에 더 의존하는 편이다.	논리와 감정을 적절히 조합하려 노력한다.	말이나 판단에 논리적 근거를 두려고 한다.	항상 명확한 근거와 논리를 갖고 판단하고 설명하려 한다.

내재 성향	정의	1	2	3	4	5
심층 사고	피상적인 정보보다 근본 원인, 의미, 본질을 탐색하려는 사고 경향	표면적인 내용만 파악하고 깊이 생각하진 않는다.	깊이 생각은 하지만 자주 멈추고 정리가 안 되는 편이다.	중요한 상황에서는 의미나 맥락을 곱씹어보려 한다.	말과 행동 뒤에 숨어 있는 동기나 이유를 자주 탐색한다.	모든 현상에서 근본 원인을 파악하고 본질을 이해하려 한다.
직관적 통찰	감각이나 순간적인 통찰을 통해 빠르게 의미를 포착하는 성향	직감보다는 눈에 보이는 사실과 데이터만 신뢰한다.	가끔 직감이 떠오르지만 잘 믿지는 않는다.	직관이 떠오르면 참고하긴 하지만 검증도 필요하다.	순간적인 통찰이 자주 떠오르며 방향성을 잡는 데 도움 된다.	말로 설명은 어려워도 직감이 강하게 오고 그것을 신뢰한다.
우선 순위 설정력	여러 업무나 정보 속에서 중요한 것에 집중하고 순서를 정하는 능력	일의 경중을 따지기보다 닥치는 대로 처리한다.	우선순위를 정하려 하지만 실천은 잘 되지 않는다.	중요한 일과 급한 일 사이에서 균형을 맞추려 노력한다.	상황을 분석해서 우선 처리해야 할 것을 정하고 실행한다.	항상 가장 중요한 일부터 처리하고 시간과 자원을 집중시킨다.
예측 선호	예상 가능한 흐름과 결과를 중시하며 계획적으로 움직이고자 하는 성향	예측이나 계획 없이 즉흥적으로 움직이는 게 더 편하다.	계획을 세우지만 그때그때 바뀌는 경우가 많다.	기본적인 틀은 세우되, 변화에도 적응하려 한다.	결과가 어느 정도 예상돼야 안정감을 느끼며 움직인다.	모든 것을 계획하고 예측 가능하게 만들어야 마음이 편하다.

색인

A

3C 프레임워크 107
AI 기반의 성장점 진단 34
AI 기반의 자기 탐색 32
AI 기반의 행동 예측 33
AI 기술 31
AI 역량 36
AI-트윈 모델 125
AI 트윈 코칭 모델 37
AI 해석 지침 237

ㄱ

간결성 195
감각복원 역량 47
감정적 안정성 250
강점 활용 유도 166
개입 17
개입 설계 80
개입 타이밍 57

거울 동반자 242
경쟁력 23
고객 데이터 42
고객 페르소나 163
공감 47
공동 해석 유도 203
공통 요소 20
관계 18
관계 설계 역량 46
관계 설계자 78
관계 패턴 60, 73
관계성 50
구조화된 지침 128
기술 개입 109

ㄴ

내재 성향 데이터 128
내적 저항 57
높은 '안정성' 34

높은 '자율성' 34
누적 기록 129

ㄷ

다중 맥락 비교 203
다층적 목표 설계 76
대응 방향성 41
대화 복기 요소 48
대화 스타일 설계 166
데이터 기반 코칭 52, 77
데이터 주권 231
동기 구조 76
디지털 리터러시 23

ㄹ

리더십 스킬 62
리듬 설계 46

ㅁ

맥락 설정 242
맥락 전이 불일치 201
메타 데이터 51
명료성 107

ㅂ

반복성 50
반복적 패턴 67
발견하는 공간 168
보완성 107

불일치 유형 201

ㅅ

사례 추적 요청 202
사전 설계 작업 248
사전동의 109
삭제권 232
상호작용 76
설계자적 사고 23
성장 17
성장점 진단 185
성향 20
성향 매핑 134
성향 패턴 73
성향과의 매핑 129
수용성 61
신뢰 저하 58
실행 가능성 77
심리적 공간 42
심리적 동의 48
심리적 리허설 126
심리적 안전감 47
심리적 안전망 67
심리적 운둔지 163

ㅇ

언어 기반 요소 48
역할 재정의 106
유지 설계 46
열람권 232
예측 가능성 67

예측 모델　164
예측 보고서　78
의도적인 설계　163
의미　17
의미 설계자　22
이관 제한권　232
이중처리 이론　91
일관된 해석 기준　230

조기 이탈　57
조율성　107
존재감　47
존재적 질문　252
주의 신호 파악　166
지침 문서　135
질문 패턴 비교　202
질문의 단서　189

ㅈ

자기 거울　159
자기 관찰형 질문　134
자기 성찰 질문　66
자기 인식　126
자기 인식 갱신　203
자기 인식 단서　50
자기 인식 편차　201
자기 탐색　183
자기감정　42
자기다움　126
자기설계　126
자기주도적 코칭　176
전략 제안　130, 134
전문성　45
전환 전략　115
정량 데이터　50
정보 주체성　190
정서적 리더십　45
정서적 안정감　61
정서적 일관성　47
정성 데이터　50
정정권　232

ㅊ

창의적 설계　249
취약성　17

ㅋ

코칭　17
코칭용 AI-트윈　35

ㅌ

통제력　91
투명성　195

ㅍ

패턴 데이터　51
패턴 인식　160, 188
편향　188
표면-심층 불일치　201
표준화　259
표현 언어 감지　202

ㅎ

해석 가능성　50
해석 조율자　251
해석 지침　247
해석의 여백　24
해석자 사고력　23
행동 경향　128
행동 데이터　51
행동 예측　33, 126, 130, 134, 184
행동 의도 이해　129, 134
행동 패턴　68, 72, 73, 88
행동 패턴 분석　120
확장하는 공간　168
회복 설계　46
흐름 설계　46

저자 소개

허영숙

지난 10년간 커리어 코치로 활동했다. 그 과정에서 Success Finder Expert Debriefer와 버크만 진단 등의 자격과정을 거치면서 개인의 타고난 성향이 살아가는 과정에서 어떻게 행동 패턴과 연결되는지 학습하고 코칭에 접목하고 있다. 타고난 성향은 바꾸기 어렵지만 그 성향들은 각기 행동으로 표현되는 것이 아니라 서로 조합을 이뤄 나타나므로, 개별 성향을 이해하면 행동 패턴 또한 성장해 갈 수 있다는 것을 고객과 나눌 때 행복하다.

수학 전공에서 시작해서 경제학 박사논문은 노후빈곤 진입시점으로 쓰게 되면서 개인의 일생을 미분하고 적분하는 관점에 집착한다. 우리는 늘 변화하기를 원하면서 안정을 기대한다. 특히 기업의 임원들을 코칭할 때는 그들이 이미 쌓아놓은 적분값을 자원화하는 데 집중한다. 오랜 기간 안정적으로 자신을 성장시킨 자원들이 각자의 내부에 차곡차곡 쌓여 있으므로 기억하고 꺼내어 사용하기 위해 재정비하는 작업을 진행한다. 또다른 축은 청년층이다. 자신의 직업을 새로운 사회와 날로 발전하는 기술에 맞춰 만들어 나가는 작업을 지원한다. 그들의 힘은 미분값에서 나온다. 어떻게 하면 양의 기울기를 가지고 오늘을 살아갈 것인가. 만약 음의 기울기를 느낀다면 어떻게 그 방향을 틀어갈 것인가. 그런 얘기를 나누면서 커리어를 만드는 과정을 함께 한다.

지난 번 『디지털 코칭과 AI』를 번역하면서 오래 전 컴퓨터 프로그래머로 진로를 잡았을 때의 기억들이 즐겁게 떠올랐다. 다양한 활용 사례들을 공부하던 20대 청년의 모습과 지금의 내 모습은 무척 다르지만 시도해보고 오류를 수정하느라 밤새우는 건 아직도 비슷했다. 번역하는 책에서는 독립 코치들이 접근하기 어려운 시스템 지원과 관련된 내용이 많았다. 큰 투자를 받기 어려운 독립 코치 수준에서 접근성이 좋은 생성형 AI로 해볼 수 있는 걸 찾았다. 인코칭과 SuccessFinder 사로부터 배운 내재 성향 디브리핑이 큰 도움이 되었다. 생산성 본부에서 일할 때 접했던 디지털 트윈과 결합하는 시도는 다시 청년처럼 밤을 새우게 했다. 재밌었나 보다. 공부하며 적어놓은 메모와 매뉴얼 작업물이 두툼하게 쌓였을 때 코칭북스의 김상복 코치님이 여럿이 나눠 보게 하자고 하셨다. 이 책은 그렇게 세상에 나오게 됐다. 미흡하지만 집단 지성의 힘이 이 미흡함을 채워 넣으리라고 생각하며 나눈다.

커리어 코치의 노후는 행복할 것이라고 기대하며 살아간다. 공부하고 공유하며, 성장을 위한 생각들을 나눈다. 다시 생각하게 하고 다르게 생각하게 하는 그 모든 작업이 앞으로도 서로에게 도움이 되면 좋겠다. 오늘도 그런 생각으로 다시 책을 펼친다.

발간사

코칭 AtoZ 006. 『AI-트윈 코칭 모델』

바야흐로 AI 활용이 대중화되고 코칭과의 접속 국면이 전개되었다. 모두가 예측하고 우려하듯 AI 활용이 일상생활 전반에 스며들며 생의 일부로 자리 잡는다. 인터넷, 휴대폰에서 시동 걸린 일상생활의 변화가 스마트폰으로 한 계단 올라서 색다른 변화를 선사한 것에 대비해 AI의 영향은 인간 활동 자체에 큰 변화, 예상하기 어려운 새로운 국면을 초래할 것이 자명하다.

이제 우리는 '뒷 언덕이 있는 마을이나 골목으로 얽힌 동네에서 아동기를 보낸 세대'는 찾기 어렵다. '아파트 빌딩 숲과 포장도로, 유치원을 아동기 체험으로 지닌 세대', '아동기를 스마트 폰으로 보낸 세대'를 넘어, AI와 함께 자란 세대를 맞이할 것이다. 디지털 기기나 AI와 아동기를 보낸 청소년의 사춘기는 어떤 양태로 전개될까. 이들의 청년기는 또 어찌 될까?

감각, 익숙한 인식 패턴, 소통 방식, 쌓여있는 정보와 지식의 활용, 앎의 구성 방식, 무엇보다도 다른 사람과 전 세계와 소통하는 방식이 전혀 새롭게 전개될 것이다. 그리하여 직면하게 될 세계의 사태는 철학과 인간 과학 전반에 새로운 질문을 던질 것이 분명하다. 변화의 속도가 매우 빠르기에…, 만들어질 새로운 표준은 그 수명이 매우 짧을 것이 자명하다.

2050년 코칭은 여전히 유효할 것인가? 그 모습은 현재와 얼마나 다를 것인가? AI 확산과 사회 경제 문화적 변화에 코칭은 어떻게 적응적 변화해야 하는가? 버릴 것은 무엇이고 간직할 것은 무엇인가?

디지털 환경에 일찍부터 익숙해 온 코칭 분야는 음성 접속, 화상 접속 자체가 코칭 관계와 기술, 기법에 어떤 영향을 주는가에 대한 관심은 오히려 가장 뒤늦었다. 심리치료와 정신분석 분야는 이런 디지털 환경이 회기 내 대화에 주는 다양한 영향, 접근 방식과 기법에 끼친 차이를 민감하게 연구해 왔다. 앞으로 이와 관련한 코칭 분야의 독자적 또는 선구적 연구는 어려워 보인다. 코칭이 스스로 변신하고 혁신보다는 주변 학문의 변화와 연구, 시장 개척 모습을 보며 뒤따라가기에 급급할 것이라는 게 솔직한 예상이다.

이 책 바로 전 『디지털 코칭과 AI』 발간사에 '밀려오는 파도를 막거나 피할 수는 없으나 서핑하며 타고 넘을 수는 있지 않을까' 기대했다. 이에 대한 응답이 무척 빠르다.

이 책은 코칭을 움켜잡고 디지털과 AI 환경과 접촉하며 외롭게 타고 넘는 기록이다. 디지털과 AI와 코칭 주제를 번역한 저자는 집필을 통해 자신의 사유를 정리한다. 이는 타인의 연구를 씹지도 않고 소개에 급급한 우리 안의 불편한 사태와는 전혀 다른 노력이다. 디지털과 AI 파고를 타고 넘을 경험의 전형을 제시한다. AI를 어떻게 코칭에 활용할 것인가? 연결을 위해 접속하면 되는가? 이 단순한 질문에 다들 쉽게 답한다. 누구는 자신이 쓰는 AI에게 자신의 코칭에 대해 묻고 이를 활용하는 것으로 질문에 답한다. 또 어떻게든 잘 묻는 것이 곧 능력이니 AI 활용법을 부지런히 배우자고 주장한다. 활용 결과에 깜짝 놀라고, 주물러 보며 느낀 효율성을 다양한 업무에 활용해 보자 서로에게 권유한다. 그러나 우리가 모두 알듯이 현재 AI는 아주 훌륭한 비서이고, 코치 역할을 충실히 한다. 자신의 코칭 이슈를 요청하면 아주 훌륭하게 코치 대화가 가능하다. 자신이 코칭할 사람과 이슈를 넣고 '어떻게'를 물으면 코칭 접근을 친절히 안내해 준다. 이제 알만한 궁금증은 모두 AI에게 물으면 된다. 우리가 만나는 코칭 대상은 모두 AI를 훌륭하게 활용할 사람들이 될 것이다. 전문 코치는 이런 국면을 타고 넘어야 한다.

저자는 이 길을 차분히 걷고 있다. 자신의 오른팔인 AI 트윈과 함께 코칭 주체와 만나고, 그와 그의 페르소나(고객의 AI)가 만나 네 명이 함께 하는 군무群舞를 연상하게 한다. 이는 그동안 코칭 대화에서 출현하는 두 사람-경험하는 자기, 관찰하는 자기-가 출현하는 네 주체가 펼치는 대화의 복잡성과 현장성을 방불케 하는 발상이다. 또 AI 트윈과 페르소나의 변신이 주는 의미심장함이 기대된다.

  우리는 동료들의 고민과 연구 제시에 피드백이 인색하다. 대체로 냉담한 편이다. 그러나 적극적 피드백이 우리 모두를 견고하게 한다. 저자의 발상과 주장을 받아 안아 검토하고 지원하는 건전한 서평을 기대한다. 이것만이 홀로 가는 필자를 응원하는 가장 아름다운 모습일 것이다.

  더운 여름, 재난이 거듭되고, 경제적 어려움이 만연한 작금의 사회 실정을 바라보며 코칭의 새 길을 개척하는 저자의 작은 노력에 함께 할 수 있어 큰 영광이다.

2025년 8월 초
발행인
코치 김상복

호모코치쿠스

코칭 튠업 21
: ICF 11가지 핵심 역량과 MCC 역량

김상복 지음

뇌를 춤추게 하라
: 두뇌 기반 코칭 이론과 실제
Neuroscience for Coaching

에이미 브랜 지음
최병현, 이혜진 옮김

마음챙김 코칭
: 지금-여기-순간-존재-하기
Mindful Coaching

리즈 홀 지음
최병현, 이혜진, 김성익, 박진수 옮김

코칭 윤리와 법
: 코칭입문자를 위한 안내
Law & Ethics in Coaching

패트릭 윌리암스, 샤론 앤더슨 지음
김상복, 우진희 옮김

조직을 변화시키는 코칭 문화
How to create a coaching culture

질리안 존스, 로 고렐 지음
최병현, 이혜진 외 옮김

내러티브 상호협력 코칭
: 3세대 코칭 방법론
A Guide to Third Generation Coaching:
Narrative-Collaborative Theory and Practice

라인하드 스텔터 지음
최병현, 이혜진 옮김

임원코칭의 블랙박스
Tricky Coaching

맨프레드 F. R. 케츠 드 브리스 외 편집
한숙기 옮김

마스터 코치의 10가지 중심 이론
Mastery in Coaching

조나단 패스모어 편집
김선숙, 김윤하 외 옮김

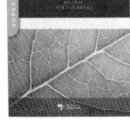

코칭·컨설팅 수퍼비전의 관계적 접근
Supervision in Action

에릭 드 한 지음
김상복, 조선경, 최병현 옮김

정신역동과 임원코칭
: 현대 정신분석 코칭의 기초1
Executive Coaching:
A Psychodynamic Approach

캐서린 샌들러 지음
김상복 옮김

수퍼비전
: 조력 전문가를 위한 일곱 눈 모델
Supervision in the Helping Professions

피터 호킨스, 로빈 쇼헤트 지음
이신애, 김상복 옮김

코칭 프레즌스
: 코칭 개입에서 의식과 자각의 형성
Coaching Presence: Building Consciousness
and Awareness in Coaching Interventions

마리아 일리프 우드 지음
김혜연 옮김

멘탈력
정신적 강인함에 대한 최초의 이론적 접근
Developing Mental Toughness: Coaching strategies to improve performance, resilience and wellbeing

더그 스트리챠크직, 피터 클러프 지음
안병옥, 이민경 옮김

코치 앤 카우치
Coach and Couch

맨프레드 F.R. 케츠 드 브리스 외 지음
조선경, 이희상, 김상복 옮김

리더의 정치학
: 조직개혁과 시대전환을 위한 창발 리더십 모델
Leading Change: How Successful Leaders Approach Change Management

폴 로렌스 지음
최병현, 윤상진, 이종학, 김태훈, 권영미 옮김

고용 가능성
고용+가능성 업그레이드 전략
Developing Employability and Enterprise: Coaching Strategies for Success in the Workplace

더그 스트리챠크직, 샬롯 보즈위스 지음
조현수, 최현수 옮김

게슈탈트 코칭
바로 지금 여기
Gestalt Coaching: Right here, right now

피터 브루커트 지음
임기용, 이종광, 고나영 옮김

강점 기반 리더십 코칭
: 조직 내 긍정적 리더십 개발을 위한 가이드
Strength_based leadership Coaching in Organization An Evidence based guide to positive leadership development

덕 매키 지음
김소정 옮김

영화, 심리학과 라이프 코칭의 거울
The Cinematic Mirror for Psychology and Life Coaching

메리 뱅크스 그레거슨 편저
앤디 황, 이신애 옮김

영웅의 여정
자기 발견을 위한 NLP 코칭
The Hero's Journey: A voyage of self-discovery

스테판 길리건, 로버트 딜츠 지음
나성재 옮김

조직 문화와 피어코칭
VUCA 시대의
Peer Coaching at Work

폴리 파커, 팀 홀, 캐시 크램, 일레인 와서먼 지음
최동하, 윤경희, 이현정 옮김

정신역동 마음챙김 리더십
: 내면으로의 여정과 코칭
Mindful Leadership Coaching : Journeys into the interior

맨프레드 F.R. 케츠 드 브리스 지음
김상복, 최병현, 이혜진 옮김

실존주의 코칭 입문
: 알아차림·용기·주도적 삶을 위한 철학적 접근
An Introduction to Existential Coaching

야닉 제이콥 지음
박신후 옮김

공감으로 완성하는 코칭
: 평범함에서 탁월함으로
Coaching with Empathy,

앤 브록뱅크, 이안 맥길 지음
김소영 옮김

내러티브 코칭
: 새 스토리의 삶을 위한 확실한 가이드
Narrative Coaching: The Definitive Guide to Bringing New Stories to Life

데이비드 드레이크 지음
김상복, 김혜연, 서정미 옮김

ADHD 코칭
: 정신건강 전문가를 위한 가이드
ADHD Coaching: A Guide for Mental Health Professionals

프란시스 프레벳, 아비가일 레브리니 지음
문은영, 박한나, 가요한 옮김

시스템 코칭
: 개인을 넘어 가치로
Systemic Coaching: Delivering Value Beyond the Individual

피터 호킨스, 이브 터너 지음
최은주 옮김

글로벌 코치 되기
: 코칭 역량과 ICF 필수 가이드
Becoming a Coach

조나단 페스모어, 트레이시 싱클레어 지음
김상학 옮김

시스템 코칭과 컨스텔레이션
개인, 팀 및 집단에 대한 원칙, 실천 및 적용
Systemic Coaching & Consitellations

존 휘팅턴 지음
가향순, 문현숙, 임정희, 홍삼렬, 홍승지 옮김

10가지 코칭 주제와 사례 연구
: 20개 사례, 40개 논평, 720개 주석, 19개 실습 사례
Complex Situations in Coaching

디마 루이스, 폴린 파티엔 디오숑 지음
김상복 옮김

유연한 조직이 살아남는다
포스트 코로나 시대
뉴노멀이 된 유연근무제
Flexible Working

젬마 데일 지음
최병현, 윤재훈 옮김

인지행동 코칭
: 30가지 고유한 특징
Cognitive Behavioural Coaching: Distinctive Features

마이클 니난 지음
엘리 홍 옮김

쿼바디스
: 팬데믹 시대, 죽음과 리더의 실존적 도전
QUO VADIS?: The Existential Challenges of Leaders

맨프레드 F. R. 케츠 드 브리스 지음
고태현 옮김

코칭과 트라우마
: 생존 자기를 넘어 나아가기
Coaciing and Trauma

줄리아 본 스미스 지음
이명진, 이세민 옮김

단일 회기 코칭과 비연속 일회성 코칭
: 30가지 고유한 특징
Single-Session Coaching and One-At-A-Time Coaching: Distinctive Features

윈디 드라이덴 지음
남기웅, 안재은 옮김

리더십 팀코칭
: 변혁적 팀 리더십 개발을 넘어
Leadership Team Coaching

피터 호킨스 지음
강하룡, 박정화, 박준혁, 윤선동 옮김

코칭과 정신 건강 가이드
: 코칭에서 심리적 과제 다루기
A Guide to Coaching and Mental Health:
The Recognition and Management of Psychological Issues

앤드류 버클리, 캐롤 버클리 지음
김상복 옮김

팀코칭 이론과 실천
팀을 넘어 위대함으로
The Practitioner's handbook of TEAM COACHING

데이비드 클러터벅, 주디 개넌 편집
강하룡, 박순천, 박정화, 박준혁,
우성희, 윤선동, 최미숙 옮김

리더의 속살
: 추악함, 사악함, 기괴함에 관한 글
Leadership Unhinged: Essays on the Ugly, the Bad, and the Weird

맨프레드 F. R. 케츠 드 브리스 지음
강준호 옮김

생의 마지막 여정을 돕는
웰다잉 코칭
Coaching at End of Life

돈 아이젠하워, J. 발 헤이스팅 지음
정익구 옮김

정신역동 코칭
: 30가지 고유한 특징
– 현대 정신분석 코칭의 기초2
Psychodynamic Coaching: Distinctive Features

클라우디아 나겔 지음
김상복 옮김

리더의 일상적 위협
: 모래 늪에서 허우적거릴 때 살아남는 방법
The Daily Perils of Executive Life: How to Survive When Dancing on Quicksand

맨프레드 F. R. 케츠 드 브리스 지음
고태현 옮김

경영자의 마음
: 리더십, 인생, 변화에 대한 명상록
The CEO Whisperer: Meditations on Leadership, Life, and Change

맨프레드 F. R. 케츠 드 브리스 지음
강준호 옮김

리더십 팀코칭 프랙티스(3판)
: 매우 효과적인 팀을 만드는 사례 연구
Leadership Team Coaching in Practice:
Case studies on creating highly effective teams

피터 호킨스 편저
강하룡, 박정하, 윤선동, 최미숙 옮김

코칭심리학(2판)
실천연구자를 위한 안내서
Handbook of Coaching Psychology

스티븐 팔머, 앨리스 와이브로우 편저
강준호, 김태리, 김현화, 신혜인 옮김

팀코칭 사례 연구
The Team Coaching Casebook

데이비드 클러터벅, 타미 터너 외 지음
박순천, 박정화, 우성희, 윤선동 옮김

팀코치 되기
: 팀코칭 가이드
Coaching the Team at Work: The definitive guide to team coaching

데이비드 클러터벅 지음
동국대학교 동국상담코칭연구소 옮김

수퍼바이지와 수퍼비전
: 수퍼비전을 위한 가이드
Being Supervised A Guide for Supervision

에릭 드 한, 윌레민 레구인 지음
김상복, 박미영, 한경미 옮김

지혜 방정식
: 불확실한 시대, 지혜로 이끄는 법
Leading Wisely: Becoming a Reflective Leader in Turbulent Times

맨프레드 F. R. 케츠 드 브리스 지음
조경훈 옮김

현대 코칭의 이론과 실천
The SAGE Handbook of Coaching

타티아니 바흐키로바, 고든 스펜스,
데이비드 드레이크 편저
김상복, 윤순옥, 한민아, 한선희 옮김

관계 중심 팀코칭
Relational Team Coaching

에릭 드 한, 도로시 스토펠스 편저
김현주, 박정화, 윤선동, 이서우 옮김

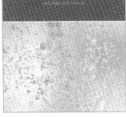

해결 중심 팀코칭
Solution Focused Team Coaching

커스틴 디어롤프, 크리스티나 밀, 카를로 페르페토, 라팔 스자니아프스키 편저
김현주, 박정화, 이서우, 정혜선, 허영숙 옮김

101가지 코칭수퍼비전 기법
: 접근 방식과 실천 탐구
101 Coaching Supervision Techniques, Approaches, Enquiries and Experiments

미셸 루카스 편저
김상복, 김현주, 이서우, 정혜선, 허영숙 옮김

동료 코칭수퍼비전
: 성찰적 실천을 위한 다양한 지침
Peer Supervision in Coaching and Mentoring: A Versatile Guide for Reflective Practice

태미 터너, 캐롤 휘태커, 미셸 루카스 편저
김현주, 박정화, 이서우, 정혜선, 허영숙 옮김

디지털 코칭과 AI
: 디지털 시대, AI와 코치의 만남
The Digital and AI Coaches' Handbook

조나단 패스모어, 산드라 J. 딜러,
샘 아이작슨, 막시밀리언 브랜틀 편저
허영숙 옮김

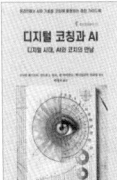

코칭 윤리 사례 연구
Ethical Case Studies for Coach Development and Practice

웬디-앤 스미스, 에바 허쉬 폰테스, 두미사니 마가드렐라, 데이비드 클러터벅 편저
김상복, 김현주, 이서우 옮김

탁월한 팀을 만드는 55가지 도구와 기법
: 팀코칭 툴킷
The Team Coaching Toolkit: 55 Tools and Techniques for Building Brilliant Teams

토니 르웰린 지음
박순천, 박정화, 윤선동 옮김

코칭수퍼비전의 이론과 모색
Coaching and Mentoring Supervision
: Theory and Practice

타티아나 바흐키로바, 피터 잭슨,
데이비드 클러터벅 편저
김상복, 김현주, 이서우, 정혜선, 허영숙 옮김

정부 조직에서의 코칭
: 전문 코치를 위한 사례와 팁
Coaching in Government
Stories and Tips for Coaching Professionals

테오도라 J. 피츠시몬스, 메리케이트 비한 도허티, 앨런 리 마이어스 지음
김진경, 박은희, 이인화 옮김

조직개발 중심 팀코칭
: 팀, 리더, 조직, 코치, 수퍼비전 접근
Team Coaching for Organisational Development: Team, Leader, Organisation, Coach and Supervision Perspectives

헬렌 징크 지음
김채식, 박정화, 우성희, 윤선동 옮김

사내 코치 활동의 11가지 핵심 원칙
Coaching from the Inside
: The Guiding Principles of Internal Coaching

J. 발 헤스팅스 지음
김현주 옮김

잡 크래프팅
: 자율적 직무 재창조를 위한 이론적·실천적 접근
ジョブ・クラフティング: 仕事の自律的再創造に向けた理論的・実践的アプローチ

타카오 요시아키, 모리나가 유타 편저
이정숙, 김현주 옮김

코칭수퍼비전 실천과 해설
: 수퍼비전-주체의 실천 가이드
Coaching Supervision: A practical guide for supervisees

데이비드 클러터벅, 캐롤 휘태커, 미셸 루카스 편저
김상복 옮김

.... **(출간 예정)**

코칭 윤리 연구와 실천 핸드북
: 윤리적 성숙성과 실천을 위한 가이드
The Ethical Coaches' Handbook

웬디-앤 스미스, 조나단 패스모어, 이브 터너, 이-링 라이, 데이비드 클러터벅 편저
김상복 옮김

집단 코칭수퍼비전
: 자원 중심 실천
Coaching Supervision Groups

조 버치 지음
김현주, 박정화, 이서우, 정혜선, 허영숙 옮김

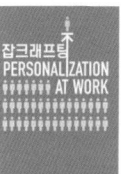

잡 크래프팅
Persnalization at Work

롭 베이커 지음
김현주 옮김

생태계와 기후 코칭
Ecological and Climate-Conscious Coaching

앨리슨 와이브로우우, 이브 터너, 조시 맥클린, 피터 호킨스 편저
김수진 옮김, 김상복 감수

코칭수퍼비전의 핵심
: 성찰과 자기돌봄 다루기
The Heart of Coaching Supervision: Working with Reflection and Self-Care

이브 터너, 스테픈 팔머 지음
정용석 옮김

조직 역할 분석(ORA) 기반 코칭
Coaching in Depth: The Organizational Role Analysis Approach

존 뉴턴, 수잔 롱, 버카드 시버스 지음
박정화 옮김

해결 중심 코칭수퍼비전
Solution Focused Coaching Supervision: An Essential Guide for Individual, Group, Peer and Team Coaching Supervision

커스틴 디에롤프, 스베아 반 데르 호른, 데비 호건, 제인 투오몰라 편저
김현주, 박정화, 이서우. 정혜선, 허영숙 옮김

멘토 코칭
Mentor Coaching Is For Life Individualis

클레어 노먼 지음
김현주 옮김

발달 코칭
: 자기(self)와 함께 작업하기(개정판)
Developmental Coaching: Working with the Self

타티아나 바흐키로바 지음
이서우 옮김

스토리텔링
: 인생을 바꾸는 이야기의 힘
Storytelling for Leaders: Tales of Sorrow and Love

맨프레드 F.R. 케츠 드 브리스 지음
조경훈 옮김

호모스피릿쿠스

나르시시스트와 직장생활하기
Narcissism at Work: Personality Disorders of Corporate Leaders

마리 린느 제르맹 지음
문은영, 가요한 옮김

정신분석 심리치료의 기본과 실천
: 정신분석·지지적 심리치료와의 차이

아가쯔마 소우 지음
최영은, 김상복 옮김

조력 전문가를 위한 공감적 경청
共感的傾聽術
:精神分析的に"聽く"力を高める

고미야 노보루 지음
이주윤 옮김

코로나 시대의 정신분석적 임상
'만남'의 상실과 회복
コロナと精神分析の臨床

오기모토 카이, 키타야마 오사무 편집
최영은, 김태리 옮김

트라우마와 정신분석적 '접근'
핵심 이론과 일곱 가지 사례
トラウマの精神分析的アプローチ

마쓰기 구니히로 편집
김상복 옮김

라캉 정신분석 치료
이론과 실천의 교차점
ラカン派精神分析の治療論

아가사가 가즈야 지음
김상복 옮김

코칭 하이브리드

영화처럼 리더처럼
: 크고 작은 시민리더 이야기

최병현, 김태훈, 이종학,
윤상진, 권영미 지음

마음챙김 코칭
: WHO에서 실행까지
Mindfulness Coaching: Have Transformational Coaching Conversations and Cultivate Coaching Skills Mastery

사티암 베로니카 찰머스 지음
김종성, 남관희, 오효성 옮김

사랑하는 사람의 상실로
슬픈 나를 위한 셀프 코칭
슬픈 나를 위한 코칭

돈 아이젠하워 지음
안병욱, 이민경 옮김

고통의 틈 속에서 아름다움 찾아내기
: 슬픔과 미망인의 여정에 대한 회고

펠리시아 G Y 램 지음
강준호 옮김

코칭 A to Z

누구나 할 수 있는 코칭 대화 모델
: GROW_candy 모델 이해와 활용

김상복 지음

세상의 모든 질문
: 아하에서 이크까지, 질문적 사고와 질문 공장

김현주 지음

첫 고객·첫 세션 어떻게 할 것인가
(1) 윤리적 가이드라인과 전문가 기준에 의한 고객 만남
(2) 코칭 계약과 코칭 동의 수립하기

김상복 지음

코칭방법론
: 조직 운영과 성과 리더십 향상을 돕는 효과성 코칭의 틀

이석재 지음

코치 100% 활용하는 법
: 코칭을 만난 당신에게

김현주, 박종석, 박현진, 변익상, 이서우, 정익구, 한성지 지음

AI-트윈 코칭 모델

허영숙 지음

코쿱북스

코칭의 역사
Sourcebook Coaching History

비키 브록 지음
김경화, 김상복 외 15명 옮김

101가지 코칭의 전략과 기술
: 젊은 코치의 필수 핸드북
101 Coaching Strategies and Technique

글래디나 맥마흔, 앤 아처 지음
김민영, 한성지 옮김

리더십을 위한 코칭
Coaching for Leadership

마샬 골드 스미스,
로렌스 라이언스 외 지음
고태현 옮김

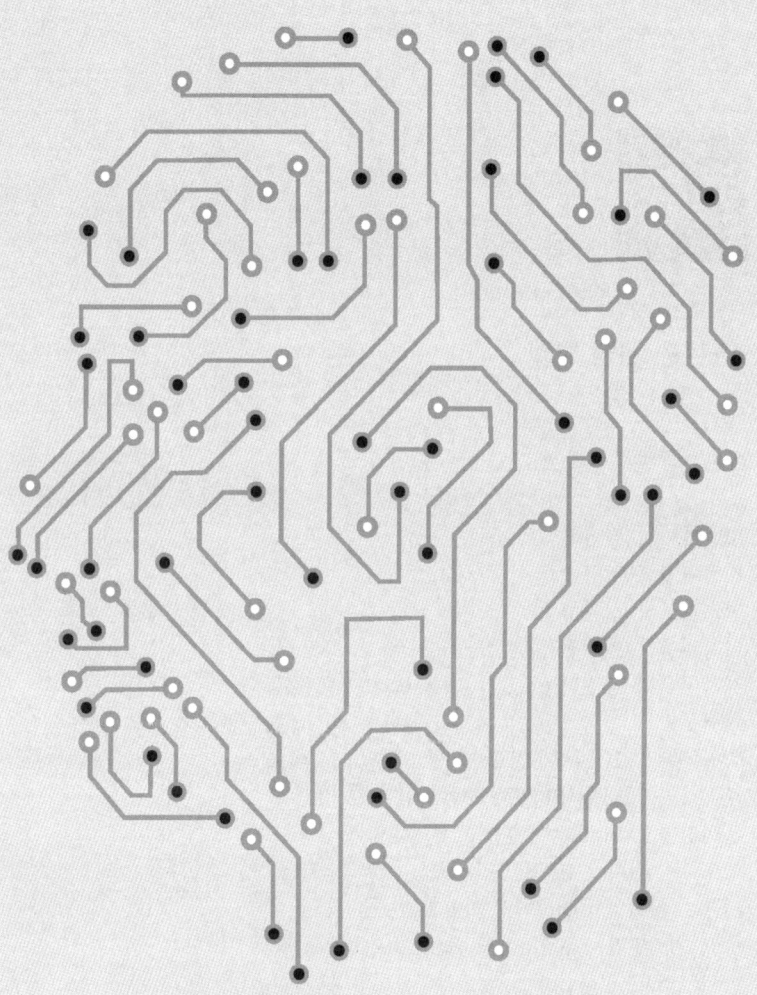

코칭 A to Z 006
AI-트윈 코칭 모델

초판 1쇄 발행　　2025년 8월 20일

펴낸이　　｜　김상복
지은이　　｜　허영숙
편　집　　｜　정익구
디자인　　｜　이상진
제작처　　｜　비전팩토리
펴낸곳　　｜　한국코칭수퍼비전아카데미
출판등록　｜　2017년 3월 28일 제2018-000274호
주　소　　｜　서울시 마포구 포은로 8길 8. 1005호
문의전화 (영업/도서 주문)
　　　　전화　｜　050-7791-2333
　　　　메일　｜　jyg9921@naver.com
　　　　편집　｜　hellojisan@gmail.com
www.coachingbooks.co.kr
www.facebook.com/coachingbookshop

ISBN 979-11-89736-94-1 (13190)
책값은 뒤표지에 있습니다.

코칭북스는 한국코칭수퍼비전아카데미의 코칭 전문 브랜드입니다.